A

Kristian Ditlev Jensen

Auf Schienen um die ganze Welt

Von der Köstlichkeit des langsamen Reisens

Aus dem Dänischen
von Sigrid Engeler

Atlantik

Die Originalausgabe erschien 2007 unter dem Titel
Ord i Orientekspressen im Verlag Gyldendal, Kopenhagen.

*Atlantik Bücher erscheinen im
Hoffmann und Campe Verlag, Hamburg.*

1. Auflage 2016
Copyright © 2007 by Kristian Ditlev Jensen & Gyldendal
Für die deutschsprachige Ausgabe
Copyright © 2008 by Hoffmann und Campe Verlag, Hamburg
www.hoca.de   www.atlantik-verlag.de
Einbandgestaltung: Sarah M. Hensmann,
© Hoffmann und Campe Verlag
Einbandabbildung: © London, Midland and Scottish Railway /
S.R. Wyatt, um 1935
Satz: Dörlemann Satz, Lemförde
Gesetzt aus der Perpetua, Brandon Text und Script MT Std
Druck und Bindung: CPI books GmbH, Leck
Printed in Germany
ISBN 978-3-455-70022-0

Ein Unternehmen der
GANSKE VERLAGSGRUPPE

Für meinen Vater
Danke für die Reise!

Inhalt

Vorwort	11
Von Hafen zu Hafen	15
Langsam, langsam, langsam …	28
»Rosa Kirschblüten. Der Nozomi fährt nach Tokio. Japan ist super.«	36
Denk an die Zahnbürste	48
Das Hybridland	56
Trains – and boats and planes …	67
Kokazeit	76
Ein Augenblick	89
Skandinavische Gespräche	97
Der überflüssige Überfluss	106
Die süßen Südstaaten	115
Ein Tisch für eine Person	132
Ankunft Peking	139
Sollen wir einsteigen?	141
Der Veteranenzug	149
Ich – und die sechs Milliarden anderen Menschen	162
Die Jungfernfahrt	169
Das neunte Haus	179
Schwarz auf weiß	186
Zugtraumata	193
Und in Indien	199
My Name is Mogens	209
Soundtrack	215
Nachwort	221
Stationen	223

Take time to see the wonders of the world
To see the things you've only ever heard of
Dream life the way you think it ought to be
See things you thought you'd never ever see
Take a cruise to China
Or a train to Spain
Go round the world
Again and again

– Human League,
The Things That Dreams Are Made of, Dare!

Vorwort

Ein Projekt, das etwas überschaubarer ist?

»Lieber Kristian, hättest Du Lust, eine journalistische Arbeit für *Ud & Se* zu übernehmen? So bald wie möglich? Könntest Du Dir vorstellen, ein Porträt des Kronprinzen zu schreiben, oder sind Interviews eher nicht Deine Sache? Mit freundlichen Grüßen. Julie.«

Das schrieb mir die Redakteurin von *Ud & Se*, Julie Bondo Gravesen, am 10. Januar 2005. Leider erwischte sie mich an einem ungewöhnlich schlechten Tag – wegen irgendeiner Geschichte war ich ziemlich sauer, und mir stand ganz und gar nicht der Sinn nach marathonlaufenden Kronprinzen, die »man« sagen, wenn sie von sich sprechen. Also antwortete ich, wie Journalisten zu antworten pflegen, wenn sie zu etwas keine Lust haben: »Die Geschichte macht mich nicht so richtig an.«

Ruck, zuck hatte ich eine neue Mail von Julie: »Ja, aber es gibt doch jede Menge anderer Ideen! Vielleicht sollten wir unsere Zusammenarbeit mit einem Projekt beginnen, das etwas überschaubarer ist?«

Meiner Erfahrung nach führt Brainstorming in den seltensten Fällen zu einem Ergebnis. Es ist ja schön und gut, stundenlang zusammenzusitzen und sich Stichworte zuzurufen. Nur kommt dabei nicht unbedingt mehr heraus, als wenn man sich allein hinsetzt und einfach gründlich nachdenkt. Als Julie und ich die Köpfe zusammensteckten, funktionierte es allerdings doch. Offenbar ergänzten wir einander in einer Weise, dass uns die Ideen nur so zuflogen.

In der Schweiz gebe es eine Bahnstrecke mit vielen Brücken und Tunneln. Über so eine Zugreise ließe sich gut etwas schreiben, schlug ich vor. Julie antwortete prompt. Die Zeitschrift *Ud & Se* habe es sich von Anfang an zum Prinzip gemacht, niemals über Züge zu schreiben. Schließlich liege das Magazin in den Zügen aus, und so sei gewissermaßen ringsum schon genug Zug da. Sie fügte allerdings sofort hinzu: Aber man könne ja auch mal etwas Neues versuchen.

Nur – warum soll es denn gerade die Schweiz sein?, wollte sie wissen. Warum eigentlich nicht mal etwas über diese irrsinnig hoch gelegene Eisenbahnstrecke in Südamerika bringen? Wo war das noch? In Chile? Oder etwas über Zugstrecken drüben in Asien? Einen Moment lang stutzte ich, aber dann war ich Feuer und Flamme. Wo liegt die höchste Eisenbahnstrecke der Welt? Welches ist die längste Eisenbahnstrecke der Welt? Wir machen »Extreme Eisenbahnstrecken«! Als Serie!! Ein ganzes Jahr lang!!!

Unser Brainstorming per E-Mail führte zu einer Reihe von Treffen, bei denen es nicht zuletzt darum ging, wie man die Sache ökonomisch angehen sollte. Schließlich erklärte sich die Direktion der dänischen Eisenbahngesellschaft DSB (Danske Statsbaner) bereit, die Bürde auf sich zu nehmen. Sie wollten gut bezahlen, denn die Idee klang interessant.

Außerdem ging es bei unseren Treffen viel um die Form der Geschichten. Ich wollte gern die Tradition der alten handgeschriebenen Reisebeschreibungen wieder aufleben lassen: Ganz ohne Fotos, einfach nur die Worte. Der Stil sollte persönlich sein. Und der Text müsste Sinnlichkeit ausstrahlen. Das führte unter anderem dazu, dass alle Reiseberichte dieses Buches mit Füller und Tinte in ein dickes, in Leder gebundenes Buch geschrieben sind.

Im Lauf der Zeit ermunterte Julie mich immer wieder, die Form der Geschichten zu variieren. Mach jetzt mal ein Porträt! Schreib laaaang! Schreib ganz kurz!! Schreib vom Essen! Nimm auf die nächste Reise einen Gast mit!

Für mich wurde dieses Projekt zu einem großen Erlebnis. Ich glaube nicht, dass ich jemals wieder die Gelegenheit haben werde, im Lauf von acht Monaten alle Kontinente mit dem Zug zu bereisen. Und ich hoffe sehr, dass die Leser von *Ud & Se* es genossen haben, mir auf den Reisen zu folgen. Denn es waren die ganz normalen Bahnfahrer, die ich während dieser Tour stets im Sinn hatte.

Ohne die Unterstützung, die von allen Seiten kam, wäre aus den Reisen niemals etwas geworden.

Dank an die DSB für die Bereitschaft, kreative Köpfe sich entfalten zu lassen – und für die Bereitschaft, dafür Geld auszugeben. Denn gute Ideen haben nun mal ihren Preis.

Dank an Julie Bondo Gravesen fürs Mitdenken und Gegenhalten beim Entwickeln von Ideen.

Dank an Katinka Bukh und ihr interessantes Design der Geschichten in der Zeitschrift. Meine Schnappschüsse für die Fotoseiten sind nicht zuletzt durch ihre Hilfe und ihre Tipps immer besser gelungen.

Dank an Lotte Malmgren für das Redigieren der Texte und das sorgfältige Nachprüfen der Fakten.

Dank an Mami Tamakoshi für die Planung insgesamt, für alle Kontakte und alle Übersetzungen im Zusammenhang mit der Reise nach Japan – Mami ist inzwischen Profi und verkauft heute beim Net Travel Service in Kopenhagen Reisen nach Japan.

Dank an Ole Knudsen für das Zusammenstellen phantastischer iPod-Listen für die Reisen – die Listen der Musik sind im Buch abgedruckt.

Schließlich und endlich ein großes Dankeschön an Ole Arendal Jensen von der DSB. Er war es, der unermüdlich Bahnfahrkarten auftrieb und Hotelzimmer, Kajüten, Flugverbindungen, Leihwagen mit Chauffeur buchte, der Busverbin-

dungen in den Anden herausfand und durch ganz Westaustralien, der bis nach Kiruna und nach Maharastra, in Pretoria und
noch für den letzten Halt in Londons Victoria Station alles
Nötige arrangierte.

Von Hafen zu Hafen

Von Kopenhagen nach Frederikshavn, Februar 2005

Im Fernsehen läuft *Guten Morgen, Dänemark*. Aber wem wird eigentlich »Guten Morgen« gewünscht? Wer bin ich? Wer sind »die Dänen«? Der Bäcker aus der Konditorei Lagkagehuset bepinselt die kleinen Inseln aus Teig, damit sie im grellen Scheinwerferlicht glänzen. Ich schenke mir Kaffee ein und brate mir ein Spiegelei. Dann gehe ich hinaus in die gleißende, fast schon synthetische Morgensonne.

Den Weg zum Kopenhagener Hauptbahnhof lege ich zu Fuß zurück. Die Kopenhagener gehen gern zu Fuß. Ich spaziere an der alten Wallanlage entlang und gelange zum ursprünglichen Haupteingang des neunundneunzig Jahre alten Gebäudes – wenn man vom ersten Spatenstich an rechnet. Heute halten ihn viele für den Seiteneingang, aber der führt zum Tivoli-Park hinaus.

Das Bauen von Bahnhöfen gehörte damals zu den großen prestigeträchtigen Aufgaben. Der heutige Kopenhagener Hauptbahnhof – der bereits zwei Vorgänger hatte – wurde von dem Architekten Heinrich Wenck entworfen. Der Stil ist, wie könnte es anders sein, nationalromantisch. Und der Hauptbahnhof hat bis heute den Vorteil, jederzeit gerüstet zu sein, falls Ihre Majestät Königin Margarete oder jemand aus ihrer Familie Lust bekommen sollte, mit dem Zug zu fahren. Die königlichen Wartesäle liegen im Seitenflügel, der zur Bernstorffsgade zeigt. Aber auch die volkstümlicheren Teile des Hauptbahnhofs können sich sehen lassen: zierliche Ziegelsteinreihen, geschmeidige Holzbögen, handgeschnitzte Verzierungen – und an den Wänden viele Skulpturen. Es lohnt sich also, nach oben zu schauen, wenn man auf dem Weg nach draußen ist, und das ist man in einem Bahnhof ja meistens. Aber da Menschen es auf Bahnhöfen in der Regel schrecklich eilig haben, bräuchten sich die Architekten vielleicht gar nicht um Ausschmückungen zu kümmern? Und Minimalismus ist schließlich eine sehr dänische Eigenschaft. Das kennt man von den weiß getünchten Kirchen, von den dänischen Möbeln, von Georg Jensen, von Bang & Olufsen, von dem neuen Mussel Mega Design der Porzellanmanufaktur Royal Copenhagen.

Der britische Kunstkritiker John Ruskin (1819–1900) erläuterte in *The Seven Lamps of Architecture*, seinem Hauptwerk von 1849, dass der Minimalismus möglicherweise deshalb entstand, weil Ausschmückungen schlicht unnötig oder überflüssig sind.

»Eine weitere sonderbare und tadelnswerte Tendenz unserer Zeit ist es, Eisenbahnhöfe zu dekorieren. Wenn es einen Ort auf dieser Welt gibt, an dem Menschen ihres Gemüts beraubt sind sowie der Aufmerksamkeit, die notwendig ist, um Schönheit schätzen zu können, dann ist es der Bahnhof. Er ist ein Tempel des Unbehagens, und der Bauherr sollte uns einzig die Barmherzigkeit erweisen, so klar und deutlich wie möglich aufzuzeigen, wie wir am schnellsten wegkommen.«

Aber ach. Auf dem Kopenhagener Hauptbahnhof können sich die Leute nicht einmal zurechtfinden. Zumindest heutzutage. Und das, obwohl die klare und einfache Graphik der DSB-Schilder weltberühmt ist für ihr schönes dänisches Design.

Zwei Japaner wollen die Kleine Meerjungfrau an der Langelinie sehen. Müssen sie dafür die S-Bahn bis Østerport nehmen? Eine Araberin soll einen Bekannten am Flughafen in Kastrup abholen. Wo fährt der Zug ab? Mehrere Züge haben Verspätung. Mein Zug fährt zum Glück pünktlich ab. Punkt 10.00 Uhr setzt er sich in Richtung Frederikshavn in Bewegung.

Mein Freund Ole hat mir versprochen, eine Tonspur für alle meine Bahnreisen zusammenzustellen. Er hat einen großen Stapel CDs gesammelt, die man auf einer Reise quer durch Dänemark hören sollte. Ich habe sie allesamt auf einem MP3-Player verstaut. Dieser silberfarbene kleine iPod mischt die Musik eigenständig.

»Hiv ankeret op og lad gå« (Lichte den Anker und auf geht's), grölt John Mogensen, gerade als der Zug abdampft. Der Song erinnert mich an meine Arbeiterklasse-Kindheit. Und an die Rebellion dagegen. Urplötzlich bin ich aus meinem gewohnten Rahmen gelöst, bin ich frei. Aber wer bin ich denn jetzt? Wer sind wir? Und wann habe ich begonnen, ich zu sein? Wann hat Dänemark begonnen, *rødgrød med fløde* zu sein: Rote Grütze mit Sahne? Der Zug verlässt in hohem Tempo die Großstadt.

Bestimmt glauben viele, die erste Eisenbahnstrecke in Dänemark habe Kopenhagen und die alte Königsstadt Roskilde miteinander verbunden. Mir war auch so, als hätte ich das einmal gehört. Aber in Wahrheit war das die zweite Strecke. Die allererste wurde bereits an einem Herbsttag von König Christian VIII. 1844 eröffnet: die Ostsee-Eisenbahn. Die fuhr auf der Strecke zwischen Altona und Kiel und wurde von britischen Unternehmern gebaut. Erst drei Jahre später kam die Bahnstrecke nach Roskilde dazu. Die Idee von einem modernen Dänemark war damals noch jung.

In Høje Tåstrup steigt ein Jüngling ein, der noch in der Pubertät steckt. Breitcordhosen, geckenhafter lila Pulli, explodierte Frisur. Und die größten Kopfhörer, die ich in meinem Leben je gesehen habe, glaube ich. HD 500 steht darauf. Er liest in einem zerfledderten alten Buch.

In meinen eigenen kleinen Ohrstöpseln rocken Savage Rose drauflos. »Ride my Mountain« heißt der Song. Draußen vor den Fenstern saust jetzt ein sprödes, gefrorenes Dänemark vorbei. Nackte Birken, Raureif auf allem und jedem, bleicher

Sonnenschein, flache Äcker, Reetdächer über Fachwerk, Graffiti an einer Eisenbahnbrücke, Haustiere hinter Zäunen, eine Allee mit windschiefen Bäumen, ein ergonomischer Spielplatz, ein ökonomischer Kleinwagen, ein Kraftwerk, Schrebergärten neben den Bahngleisen, auf dem Bahnhof von Ringsted ein Junge mit einem Kapuzenpulli. Outlandish singen »Life Is A Loom«. Und ja, das Leben *ist* ein Webstuhl, wenn man aus dem Zugfenster sieht.

Auf dem Bahnhof von Ringsted steigt ein Paar ein. Er trägt einen großen Hut, einen von der Sorte, mit der man heute niemanden mehr sieht. In Slagelse steigen sie wieder aus. Mir fällt ein, wie ich einmal einem Ausländer etwas über unterbrochenen Beischlaf erzählen wollte und dafür den Ausdruck »in Roskilde aussteigen« benutzte. Erst da wurde mir bewusst, wie dänisch dieser Ausdruck ist.

Als in Korsør eine neue Mitreisende an Bord kommt, explodiert die Welt in Farben. Das Leopardenmuster ihres Mantels. Die großen glitzernden Ringe. Das dunkelrot gefärbte Haar. Sie trägt ein hellrotes Halstuch. Sie ist über vierzig. Und Studentin. Die Texte in dem briefkastenroten Ringhefter sind alle französisch. Die Frau streicht mit einem neongrünen Marker Worte an. Ihre Nägel hat sie orangefarben lackiert. Sie ist das, was man auf Neudänisch total durchgeknallt nennt. Ist sie überhaupt dänisch? Können Dänen so sein?

Vor vielen Jahren erlebte ich, wie der beinahe ebenso farbenfrohe Jazzsaxophonist und Dichter T. S. Høeg einen Film im Filmmuseum vorstellte, damals, als es noch in Christianshavn lag und Cinemathek hieß. Der kleine Spaßmacher rannte ungestüm auf der Bühne hin und her und erklärte:

»Die Beat-Generation handelte doch davon, Drogen zu nehmen, Gedichte zu schreiben und weite Strecken im Auto zurückzulegen. Deshalb konnte sich das hierzulande auch nie richtig durchsetzen. Denn in Dänemark kann man nicht wirklich weit mit dem Auto fahren, ohne ins Wasser zu fallen.«

Dafür sind wir Dänen aber Brückenbauer von Weltklasse. Seit die Verbindung über den Öresund und die Verbindung über den Großen Belt besteht, ist Dänemark gut und gründlich zusammengeschnürt. Aber das funktionierte nur, weil es auch schon vorher jede Menge Brücken gab. 1935 wurde eine Brücke über den Kleinen Belt gebaut. 1937 wurde bei Vordingborg die Brücke über Storstrømmen eröffnet, und schon im Jahr darauf konnten am Limfjord Züge über den Oddesund fahren.

Wir dröhnen via Tunnel unter dem Großen Belt hindurch. Druck auf den Ohren. Dunkelheit. Verschwommene Geräusche. Als wir wieder herauskommen, ist alles in dieses besondere nordische Licht gebadet, das die Dänen vermissen, wenn sie im Ausland sind – genauso wie Schwarzbrot und Salzlakritz, obwohl sie das sonst nie essen.

Der Zug fährt über Sprogø. Sprachinsel! Mir hat diese spitze Insel mit dem sprechenden Namen immer gut gefallen. Mit ihrem kleinen, fast alpinen Berggipfel sieht sie ein bisschen aus wie die Insel der Modelleisenbahn im Hauptbahnhof, bei der man immer wieder – selbst wenn man schon über dreißig ist – den unbändigen Wunsch verspürt, eine Münze einzuwerfen, damit die winzigen Züge ihre Runden drehen.

Sprogø war früher ein Ort, wo man Frauen unterbrachte, die unangepasst waren. Man sterilisierte sie und nannte sie geisteskrank, persönlichkeitsgestört und Schlimmeres. Dabei war ein Teil von ihnen einfach nur sehr lebendig. Selbstständige Damen, die taten, was ihnen gefiel, und die ihre Meinung sagten. Die Strafe für ihre Offenheit bestand darin, dass man sie auf Jahre hinaus auf Sprogø verstummen ließ.

»Nächster Halt Nyborg. Nächster Halt Nyborg.«

Kasper lebt in Nyborg. Er hat mir mal die Schule gezeigt, wo Saybia übte, bevor die Band von einem Tag auf den anderen ihren Durchbruch hatte. Ich habe es sofort im Ohr. Dieses Vermissen wie bei einem Abschied auf einem Bahnhof. »I stay to watch you fade away«. Das war, wenige Jahre bevor es wieder angesagt war, moderne Songs auf Dänisch zu singen. Oder vielleicht einfach nur zu sprechen. Nicht reden, nur sprechen. So, wie man es westlich von Balby Bakke tut. Die dänische Sprache hat in den letzten Jahren bei meinen jungen Landsleuten eine Renaissance erlebt.

»Money train« hat ein Graffitikünstler auf einen der Güterzüge geschrieben, die am Bahnhof von Odense halten. Odense wurde nach dem germanischen Gott Odin benannt. In der Mitte Dänemarks gelegen, ist Odense auf Fünen ein zentraler Knotenpunkt. Hier muss man umsteigen, wenn man zum Krankenhaus von Odense will oder nach Fruens Bøge, nach Hjallese, Højby, Årslev, Pedersdrup, Ringe, Rudme, Kværndrup, Stenstrup, Stenstrup Syd, Svendborg Vest oder Svendborg. Von Svendborg kann man mit der Fähre nach Ærøskøbing fahren. Von Ærøskøbing kann man nach Søby radeln. Wenn man will. Dänemark ist ein freies Land.

Aber man muss auf Verlangen immer eine Fahrkarte vorzeigen können. Ich habe einmal einen Vortrag über Reaktionen von traumatisierten Folteropfern gehört. Es kommt vor, dass sie sich in die Hosen pinkeln, wenn sie nur einen Kontrolleur sehen. So viel Angst haben sie vor Uniformen.

»Was zum Teufel geschieht, wenn man seine Fahrkarte verlegt hat?« Die junge Frau ist verzweifelt. Sie ist gerade ins Abteil gekommen. Schließlich findet sie die Fahrkarte. Sie hat dieselbe Farbe wie ihre schönen Augen. Drei Frauen steigen ein; sie tragen Lehrbücher unter dem Arm. Gruppieren sich um den lesenden jungen Mann mit den großen Kopfhörern. Während der letzten Stunde hat er in seiner eigenen inneren Welt gesessen. Eine Welt, die aus seinem Buch herauswächst und von seinen langen, schlaff herunterhängenden Haaren eingerahmt wird.

Fünen ist schön. Sanfte Hügel, Hänge, Anhöhen, hier ist die Welt auf einmal geformt. Wir überqueren Hochfünen – dort, wo die Eiszeit haltmachte und die Fettpolster ordentlich zusammenschob, sodass man heutzutage in diesem »Garten Dänemarks« Hügel hoch- und runtersausen kann.

Das Handy der jungen Frau klingelt. Sie redet lange mit ihrem Freund. Sie redet und redet und redet. In Middelfart steigt sie mitten im Gespräch aus. Als sie den Bahnsteig entlangeilt, redet sie immer noch.

In Middelfart steigen zwei weitere Reisende ein. Sie setzen sich mir gegenüber. Zwei Frauen. Sie kennen die mit den Lehrbüchern, und alle begrüßen sich überschwänglich. Sie wollen zur selben Veranstaltung. Die eine der beiden Neuen findet in einem Gestell das Magazin *Ud & Se* und beginnt zu lesen.

»Seht mal, die bringen hier eine Nachdichtung von Hans Christian Andersen. Das könnte man doch nehmen und für ein, zwei Aufgaben benutzen!«, sagt die eine begeistert zur anderen.

»Wir machen darauf aufmerksam, dass der Zug beim nächsten Halt geteilt wird«, tönt es aus den Lautsprechern.

Als wir auf der Brücke den Kleinen Belt überqueren, flackert das Sonnenlicht dramatisch in der Stahlkonstruktion. Vor den Zugfenstern befindet sich ständig Stahl. Selbst wenn der Zug anhält. Auf dem Bahnhof von Fredericia steht eine futuristische Skulptur, die sämtliche Bewegungen einer alten Dampflok darstellt. Die Futuristen haben viel in der Richtung gemacht. Man sollte jede einzelne Bewegung erkennen können. Mechanik war Zukunft! Aber das ist nun schon ziemlich lange her. Die letzte Dampflok wurde 1970 aus dem Alltagsverkehr genommen.

Es ist 11.59 Uhr, als ich meine zweite Tasse DSB-Kaffee bei dem Servicewagen kaufe. Ich habe belegte Brote dabei, aber die reichen vielleicht nicht. Zumindest kann ich hier jederzeit eine Wurst mit Brot bekommen und ein Odense-Pils. Oder Wan Gyusara. Das ist Rindfleisch in Teriyaki-Soße. Auf dem

Hauptbahnhof in Kopenhagen hatte ich mir einen »Spandauer mit Sahne« gekauft oder, wie man hier sagt, »das schlechte Auge des Bäckers«. So beginnt mein Tag. Kaffee und leckere Blätterteigstückchen, die zwei gehören zusammen. Als ich Russisch studierte, habe ich gelernt, dass *sputnik* »Reisegefährte« bedeutet.

Wie in dem gleichnamigen Märchen von Hans Christian Andersen. Andersen spiegelt unsere Volksseele. Dänemark ist ein vernachlässigtes Kind, das nach Märchen ruft. Dänemark ist ein anmaßender Mensch. Dänemark hat ein eisernes Gebiss. Dänemark hat eine krumme Nase und einen hohen Hut. Die Dänen sind Reisende.

Wie sich zeigt, sind die Frauen im Abteil alle Religionslehrerinnen. Eine von ihnen hat eine Freundin, die sich scheiden lässt. Kurz darauf singt in meinen Kopfhörern Lars H. U. G. von zwei so sehr unglücklichen Seelen.

Hvorfor er lykken så lunefuld
Og hvorfor er glaeden saa kort?
Den ven du tror holder af dig
Maaske gaar han fra dig.
Alt det han gav dig sit ord paa
Og svor paa er glemt.

Warum ist das Glück so launisch
und warum die Freude so kurz?
Der Freund mag dich, glaubst du,
aber vielleicht verlässt er dich.
Alles, worauf er dir sein Wort gab
und was er beschwor,
ist vergessen.

»Mir fehlt darin noch ein bisschen Buddhismus«, sagt eine der Religionslehrerinnen, die offenbar ihre Stundenvorbereitung nicht richtig hinbekommt. Auf dem Bahnhof von Vejle halten in langen, gleichmäßigen Reihen österreichische Güterwaggons. Ich mustere sie eingehend, bis der Zug mit einem Ruck seine Fahrt entlang den Schmissen der Modernität durch Dänemarks Gesicht fortsetzt.

Wir sind unterwegs in Richtung Århus. Mein iPod ist immer noch so eingestellt, dass die Stücke willkürlich gemischt werden – wie die Eindrücke vorm Fenster. Plötzlich singt Stefan Brandt sein altes Lied, worin das Zugfenster zur Metapher für das Dasein wird. Das ist weniger ein Lied als eine Erzählung, ein Bericht von einem Schicksal.

»Da stand ich dort im Zug und dachte: Was soll denn das hier bloß? Was soll diese dänische Unentschlossenheit, jemand müsste endlich mal was tun. Lehnen Sie sich endlich mal hinaus, lehnen Sie sich, lehnen Sie sich mal hinaus. Und genau dort zwischen Jütland und Fünen und weit weg von zu Hause konnte ich plötzlich eine innere Lautsprecherstimme hören, die sagte: Lehnen Sie sich, lehnen Sie sich endlich mal hinaus. Lehnen Sie sich, hängen Sie sich, werfen Sie sich endlich hinaus ...«

Im Bahnhof von Skanderborg – bei dem alle, die je davon gehört haben, an ein Gedicht von Sophus Claussen denken müssen – steigt eine alte Dame zu. Es gelingt ihr nicht, die Tür zum Coupé zu öffnen. Sie wedelt wie wild mit ihrer Tasche, dann mit ihrer Hand, dann mit ihren Haaren, setzt ihren ganzen Körper ein, um die unsichtbaren Strahlen des kleinen Sensors in dem preisgekrönten Design zu treffen.

Um mich herum entfaltet sich Jütland. Ein gemästeter Arsch beult den groß geblümten Stoff des Rockes aus, als die Besitzerin sich nach etwas in einer Tasche bückt. Die Landschaften sind weitläufiger, roher, sublimer. Am Bahnhof von Hørning ein Puch-Maxi-Mofa. Hinter der Lagerhalle bunte Container. Diese dröhnende Aussprache. *Goddaw do.*

In unserem Coupé ist ein Hund zugestiegen. Ein kleiner spitznäsiger. Und eine Schwedin, die fast fließend Dänisch spricht. Sie ist unsicher, wie man nach Bjerringbro kommt.

»Müssen wir hier umsteigen?« Die Religionslehrerinnen reden alle durcheinander. Aber sie bleiben sitzen. In dem kleinen Display über den Sitzen kann man lesen, dass die Plätze zwischen Odense und Langå reserviert sind.

Der Schaffner hat einen Schnurrbart, wie man ihn nur aus

Stummfilmen kennt – riesig groß. Er lächelt und winkt jemandem am anderen Ende zu. Und mit einem Mal fahren wir rückwärts. Århus ist so ein Bahnhof, der wie ein Parkplatz vor einem Supermarkt funktioniert. Århus ist eine Box. Der Zug fährt vorwärts hinein, muss aber rückwärts wieder hinaus. Genauso ist es, wenn man über Hamburg-Altona in den Süden fährt. Man freut sich gerade über seinen reservierten Platz, der einen vor Übelkeit und Reisekrankheit schützt. Und dann hat man plötzlich den schlechtesten Platz der Welt und muss den Rest der Strecke rückwärtsfahren. Ein indisches Mädchen ist zugestiegen. Und ein langhaariger Typ in einem modischen Pelzmantel.

In Hadsten hält der Zug vor einer Diskothek, die Goggen heißt. So heißen die Diskotheken in der dänischen Provinz immer. Als ich jung war, arbeitete ich in Holbæk als Barkeeper in der Discoteque Smøgen. Es müssen immer so viele c und q wie möglich sein, damit man kaum noch merkt, dass die Kneipe einen dänischen Namen hat.

In Langå steigt die Hälfte der Reisenden aus. Hier in Langå kann man nach Viborg oder Struer umsteigen. In Struer werden die Stereoanlagen im Weltklassedesign von Bang & Olufsen produziert. Der Mann hinter der Firma heißt Jacob Jensen, genau wie mein Vetter.

In Langå steigt ein knochiger, mürrisch aussehender Mann in den Zug ein. Er trägt einen Bart. An den Fingern hat er sehr große Ringe. Er sieht aus wie einer, der hinter Gittern gesessen hat. Er trinkt Cola. Im Zug ist Platz für uns alle.

Der nächste Bahnhof, der von Randers, ist gelb. Irgendwer hat mir mal erzählt, ein gebrochener Fingerknochen hieße in der Sprache der Ärzte Randers-Fraktur, weil die Bauern aus dieser Gegend als besonders brutal verschrien sind. Auf dem Bahnsteig von Randers warten ein Marinesoldat in Uniform, ein Arbeiter in kurzer dunkelblauer Jacke und eine Frau mittleren Alters mit abstehenden Haaren und einem total süßen kleinen Überbiss. In Dänemark bekommt jeder automatisch eine Zahnkorrektur. Diese ästhetische kleine Wohltat fällt einem plötzlich auf, wenn man als Skandinavier asiatische oder afrikanische Länder besucht.

Ich sehe einen Mäusebussard still am Himmel stehen. Ganz still. Wie ein Messingschild, festgenäht an einer Uniform aus einer ehemaligen Kaserne in Jütland. Das muss der zehnte Mäusebussard heute sein. Die stehen einfach dort. Unbeweglich. Silhouetten am Himmel. Man gewöhnt sich daran, dass sich die Landschaft hinter dem Fenster in ein riesiges Terrarium verwandelt, in das man hineinschaut. Vogelbeobachtungsposten, Schafe in kleinen Gruppen, Bäche, Krähen, Gebüsch.

In Arden steigt ein Teenager ein. Sie simst wie eine Verrückte. Klinischer Fall von Kommunikopathie. Klirrende Ringe an den Fingern, weißer gestrickter Schal, schwarzer Fleecepulli, die Haare mit Spangen hochgesteckt, zwangsneurotisches Kaugummikauen.

Seit Langå herrscht eine ganz neue Ruhe im Zug. Die Landschaft ist jetzt stiller. Die nachmittägliche Sonne legt sich wie ein Kegel aus gelbem Licht darauf. Die Pferde sind wie kleine gegossene Spielzeuge auf den grünen Wiesen der Hügel. Mein eigenes Tempo hat sich langsam heruntergeschaukelt. Mein innerer Motor ist gedrosselt. Langes Zugfahren wirkt entspannend. Eine erzwungene Meditation. Man sitzt auf seinem Platz und kann nicht anders.

Die Dame weiter hinten im Wagen hat unter ihrem schwarzen T-Shirt flache Hängebrüste. Als der Zug langsamer fährt, blickt sie verschlafen auf. Ihre Haare sind verwuschelt. Ein Einwanderer sagt lächelnd den Namen der Stadt vor sich hin. Støv. Ring. Støvring. Als der Zug in Skalborg anhält, wird mir klar, dass es durchaus Orte gibt, wo selbst Dänen noch nie gewesen sind – von denen sie nicht einmal gehört haben.

Nordkraft, das ehemalige Kraftwerk, das zum Kulturzen-

trum mutieren soll. Der Zug fährt in Aalborg ein. »Kongress-
und Kulturstadt« verkündet das Extraschild auf dem Bahnhof
feierlich. Es wirkt wie eine rührige kommunale Entscheidung.

Plötzlich taumelt eine sehr betrunkene Grönländerin ins
Coupé. Sie fragt den Mann mit den Ringen: »Hast du 'n
Handy? Kannste für mich anrufen? Ich muss zum ersten Mal
nach Hjørring, und mein Handy ist weg ...«

Als sie es tief unten in ihrer Tasche findet, ruft sie beschämt
selbst an. »Ich komme eine halbe Stunde später. Bist du jetzt
sauer auf mich? Sei nicht sauer auf mich, okay?«

»Dieser endlose Nachmittag mit den sich heranwälzenden
grauen Wolken und dem Meer, das weit weg ist. Kopenhagen
sieht aus wie alle anderen Städte.«

Das ist Steppenwolf in meinen Kopfhörern, ihr Song *Jensen*.
Die auf und ab wogenden, gelbbraunen Flächen draußen vor
dem Fenster ähneln immer mehr Steppen.

Hjørring. Wieder steigen viele aus. Manche steigen um und
fahren weiter nach Hirtshals. Wir halten. Wir halten lange. Der
nette Mann mit den kurz geschnittenen Haaren und dem Ohr-
ring und dem weichen Wollmantel liest die *Urban*, ein Kopenhagener Boulevardblatt.

Als wir Sindal erreichen, färbt die untergehende Winter-
sonne die Natur in grelles Gelb. Während wir weiter durch
Dänemark fahren, wird das Land zunehmend karger, zunehmend flacher, zunehmend kälter, und nun ist es schließlich fast
unsäglich schön. Irgendwie ist es cool, Däne zu sein. Man hat
einen inneren Wikinger und diese eigentümliche Fähigkeit,
nasskaltes Wetter oder Wind in Sturmstärke auszuhalten und
diesen verdammten *fr-fr-freeze factor*, der Eskimos vor Kälte
zittern lässt, wenn sie in Kastrup auf der Landebahn stehen.

»So, Schatz. Gleich sind wir da«, sagt einer.

Reisetaschen werden heruntergehoben. Koffer werden auf-
und zugeklappt. Das ganze Abteil knistert vor wiedererwach-
tem Leben.

»Ach Mensch, du hast auf den Broten gesessen, also ehrlich!«

Frederikshavn ist nach König Frederik VI. benannt. Aber die Geschichte der Gegend reicht weiter zurück. Im Bezirk Frederikshavn findet man sechs Dolmen, ein Ganggrab, über hundert Hügelgräber, fünf Langgräber, vier Steinhügelgräber und einen Steinkreis. Die moderne Gemeinde ist erst durch die kommunale Neuordnung entstanden. Die Stadt Frederikshavn hat man mit Elling, Flade-Gærum, Hirsholmene, Åsted-Skærum und dem nördlichen Zipfel der Gemeinde Understed zusammengelegt. In Frederikshavn gab es mehrere Adelsgeschlechter. Zu den bekanntesten gehören Orning und Hvass und Panter und Basse. In Dänemark kann es durchaus fein sein, ein Basse zu sein.

Von Frederikshavn aus fahren Züge bis nach Skagen. Die Bahn wurde 1890 gebaut. Wenn man will, kann man in Napstjert aussteigen. Man kann auch weiterfahren. Zu blonden Ferienerinnerungen, zu malerischen Sommerabenden in hauchzarten Kleidern und zu dem dunklen Grab Holger Drachmanns.

Aber ich steige in Frederikshavn aus.

Nachdem ich die längste Zugfahrt zurückgelegt habe, die man in Dänemark machen kann, ohne ein einziges Mal umzusteigen. Mein Geburtsland ist tatsächlich nur sechs Stunden weit.

Vielleicht sind wir Dänen deshalb etwas ganz Besonderes?

Langsam, langsam, langsam ...

Zugfahren macht etwas mit dem Reisenden. Zeit und Raum werden auf ganz eigene Weise erlebt. Menschen werden auf ganz eigene Weise erlebt. Die Langsamkeit ist es, die den Unterschied macht. Und das lässt sich am besten mit einer italienischen Tomatensoße von Vincenza vergleichen, die der Küche im Kloster San Cataldo vorsteht. Die Art, wie sie diese Soße zubereitete und auf unsere Nudeln kippte, als ich nach vier Tagen langsamen Zugfahrens durch die katholischen Länder um das Mittelmeer schließlich in dem kleinen Dorf Scala in Süditalien ankam.

Scala liegt im sogenannten Milchgebirge, den Monti Lattari, etwa sechzig Kilometer südlich dieses wahnsinnigen Schmelztiegels namens Neapel. Das kleine Dorf, wo nur ein paar wenige Seelen leben, liegt etwa eintausendfünfhundert Treppenstufen oberhalb von Amalfi, das in alter Zeit ein bedeutendes Zentrum für die Seefahrt war. Hier wurde der Kompass erfunden. Und hier wurden damals viele der grundlegenden Seefahrtsregeln aufgestellt, die bis heute auf den Weltmeeren gelten. »Scala« bedeutet »Treppe« oder »Leiter«, und das Dorf war der Ort, in dem die Einwohner von Amalfi Zuflucht fanden, wenn Seeräuber wieder einmal die Stadt heimsuchten. Sie ließen alles stehen und liegen und rannten, was das Zeug hielt. Hinauf, immer weiter hinauf – über die hohen steinernen Treppenstufen, die heute Touristen im Schweiße ihres Angesichts erklimmen. Die Einheimischen benutzen nach wie vor Maultiere, um Möbel zu transportieren, wenn sie in eines der kleinen Häuser umziehen, die in den Fels gebaut sind.

Hier, in dieser traumhaften Umgebung, kocht Vincenza ihre Tomatensoße. Die ist echt italienisch. Aber was heißt das? Nun, das Geheimnis eines ordentlichen *ragù* ist Zeit. Natürlich kommt es auch auf Sellerie und ein wenig gewürfelten Schinken an, am besten richtigen *pancetta*. Aber entscheidend ist die Zeit. Gute Tomatensoße soll möglichst mehr als eine Stunde lang bei schwacher Hitze köcheln.

Für das Phänomen gibt es unterschiedliche Erklärungen. Einige meinen, es seien die Zellwände der Tomaten, die aufbrechen, sodass ein neuer Geschmack hervorkommt. Andere meinen, die Zutaten würden sich besser vermischen, sodass der Geschmack runder wird und stärker zu einem großen Ganzen verschmilzt. Auf diese Weise also gleichzeitig komplexer und einheitlicher wird. Vincenza meint sicher einfach, dass man es doch immer so gemacht habe, wenn man es ordentlich machte. Weil eine ordentliche Tomatensoße nun mal so gemacht wird.

Die meisten Menschen in Scala sind im Grunde Bauern. Und schon nach kurzer Zeit hier übernimmt man selbst die festen Rhythmen bäuerlichen Lebens. So wie man die wichtigste Zutat des guten Lebens übernimmt – die Langsamkeit. Man gewöhnt sich daran, langsam zu gehen, man gewöhnt sich daran – ich gewöhne mich daran –, mehr zu arbeiten, man gewöhnt sich daran, dass sich die Tage in ihrer ewigen Langsamkeit ähneln. Aber mit der Zeit, mit der Langsamkeit, wird das Dasein dem Gefühl nach immer realer. Das langsame Leben fühlt sich irgendwie wahrer an. Vielleicht weil die Seele mitkommen kann? Oder weil die Seele den Körper mitbekommen kann? Oder weil beide Teile zu einem ganzen Menschen werden, wenn man aus dem Stress seines Alltags und Ichs herausgerissen wird?

Die Langsamkeit ist eine sonderbare Größe, denn sie ist

nicht nur die Summe ihrer individuellen Bestandteile. Sie ist viel mehr als das. Wenn sich zum Beispiel ein Schriftsteller in ein Refugium zurückzieht, um Ruhe zum Schreiben zu finden, sorgen nicht nur Ruhe und Stille zusammen für einen besseren Text. Es ist wohl eher die Tiefe in seinem Innern, die dafür sorgt. Denn es ist, als ergäben eben gerade die Zeit und die Stille – und die Einsamkeit und die Ruhe und das Nachdenken – diese besondere Qualität, die man Tiefe nennen könnte. Eine Tiefe, die man als Künstler unmittelbar an seinem Produkt ablesen kann, wenn man im Kloster gewesen ist.

In der Gastronomie benutzt man den Begriff der Tiefe, um einen Geschmack zu beschreiben, zum Beispiel den Geschmack einer italienischen Tomatensoße. Und wenn der Geschmack tief ist, dann ist er eine ganze Menge gleichzeitig. Er ist nämlich komplex. Vielschichtig. Zusammengesetzt aus mehreren übereinanderliegenden Schichten, wobei jede Lage für sich einen Ton beisteuert – oder, raffinierter noch, einen Oberton – zu dieser gesammelten Symphonie von Genuss.

So verhält es sich auch mit Zugreisen. Zugreisen haben Tiefe. Die meisten Menschen sind scheu. Die meisten Landschaften sind verschlossen. Die meisten Städte zeigen ihre Rückseite, wenn man mit dem Zug durchfährt. Und die meisten Waggons wirken in dem Moment, da man sie betritt, einförmig. Aber auf langen Zugreisen ist das anders. Da kommt etwas anderes hervor.

Auf meinen zwölf Reisen wurden ich selbst und meine Mitreisenden so lange in Einsamkeit geschmort, dass wir uns am Ende ergaben und anfingen, miteinander zu sprechen. Wir öffneten uns, erst langsam, dann immer mehr. Manchmal öffneten wir uns weit und gaben etwas eigentlich Privates preis. Das konnte einfach nur eine andere Sichtweise auf irgendeinen Aspekt im Leben sein. Eine Beobachtung aus der Kindheit in einem ganz anderen Land. Einige Male waren es politische

Betrachtungen. Oder Ökonomisches, das einen privaten Anstrich bekam, weil ein konkreter Mensch damit verbunden war.

Die Landschaften öffneten sich auf meinen zwölf Bahnreisen. Sogar dem kleinen Dänemark ist es gelungen, sich in nur sechs Stunden zu entfalten. Dänemark erwies sich als eine Verwandlungskugel aus Stadt, Land, Meer, Möwen, Getreide, Schrebergärten, Schornsteinen, Scheunen und Hochhäusern. Andere Länder entfalten sich in ihrer Eintönigkeit. In Australien fuhr ich vierundzwanzig Stunden lang durch die Wüste. Es wirkte beinahe so, als hätte jemand von außen ein Plakat an die Zugfenster geklebt, sodass wir vierundzwanzig Stunden auf dieselbe Landschaft starrten. Aber langsam, ungeheuer langsam, öffnete sich das Bild. Winzig kleine Änderungen tauchten auf, plötzlich erschien eine andere Art Adler, die wir bisher noch nicht gesehen hatten, oder wir stießen auf das erste Haus nach zwölf Stunden, das erste Auto, das erste Känguru. Und es waren diese unglaublich langsamen Veränderungen, die mir den wahren Charakter der Landschaft erschlossen. So kann die Erde eben auch sein: unfassbar eintönig, scheinbar unveränderlich. So stillstehend. So öde und gewaltig und, ja, leer kann die Welt sein. In anderen Gegenden der Welt erlebte ich das genaue Gegenteil.

In Japan fährt man fast die ganze Strecke von Tokio nach Kyoto durch Stadt. Es gibt ländliche Gebiete, und es gibt Felder und Flüsse. Aber man hat dennoch das Gefühl, als entkomme man der Stadt und diesem ganzen urbanen Leben nie ganz. Man sieht eine Flut von Häusern, die fast wie eins wirken, woraufhin man langsam, langsam, langsam zu begreifen beginnt, wie vieler Menschen es eigentlich bedarf, damit ein Land eine Bevölkerung von mehr als 128 Millionen Menschen hat. Das anderthalbfache der Bevölkerung Deutschlands. Oder das Sechsundzwanzigfache der Bevölkerung Dänemarks. Damit so viele Menschen in einem gebirgigen Land leben können, braucht es Dichte. Und Dichte ist konkret. Das sind mehrstöckige Häuser, Seite an Seite an Seite an Seite. Und so sausten sie an mir vorüber, während ich mit meinen Stäbchen eine saure Pflaume aus meinem kleinen Essenspaket fischte. Häuser-Häuser-Häuser-Häuser. Auf diese Weise begriff ich – dieses Mal noch besser –, wie viele Menschen in Japan leben.

Auch in Indien und China war es interessant zu erleben, wie die Eindrücke in meinem Kopf zusammengekocht wurden. Hier war es nicht nur die Dichte, obwohl die durchaus vorhanden war, sondern hier waren es vielmehr die schieren Massen, die unzähligen Menschen, die mit einer unglaublichen Langsamkeit zu Buche schlugen. Ich erinnere mich noch, wie mich diese chinesischen Massen beinahe zu Tode erschreckt haben, als ich im Hauptbahnhof von Peking aus dem Zug stieg. Ich wusste ja, dass es viele Chinesen gibt, aber dass es *so* viele sind ... So viele, dass sie einen ganzen Bahnhofsvorplatz füllen können und man sich in dieser Menge rein physisch nicht mehr vorwärtsbewegen kann. Das war eine Überraschung, um nicht zu sagen, ein existenzieller Schock. Und wie das Leben in den Slumvierteln außerhalb Bombays aussieht, das kann man im Lauf der Stunde erleben, die der Zug allein dafür braucht, aus der Stadt herauszukommen. Langsam fährt er an einer elenden Slumhütte nach der anderen vorbei, und man denkt, aha, so ist das also, arm zu sein. Aber es geht immer so weiter und weiter und weiter, und langsam, unglaublich langsam, begreift man, dass arm zu sein vielleicht auch bedeutet, dass man nie etwas anderes sieht. Denn Transport kostet ja auch Geld. Und auf die Weise lernt man – noch langsamer –, dass Armut auch Unwissenheit ist. Und Stillstand. Ökonomische Erbuntertänigkeit. Und es geht immer noch weiter mit diesen Hütten. Mit ihren Blechdächern und den spielenden Kindern. Mit ihren Abfallhaufen und den Wellblechdächern. Und erst nach langer, langer, langer, langer, langer Zeit, als der Zug sein Tempo verringert, kann man einen kleinen Blick in die Hüttenstadt werfen. Und man sieht, dass es dort einen Kaufmann gibt, einen Laden für Süßigkeiten, die Apotheke, den Bäcker, den Metzger. Alles errichtet aus Pappe, Plastik, Eisen, Blech und anderen Materialien, die für dieses interimistische Leben verwendbar sind. Diese Häuser sind beinahe Nichthäuser. Ein Leben, errichtet nach dem Prinzip des Mangels, der fehlenden Nägel. Man baut mit dem, was man fast *nicht* hat. Aber man baut. Man lebt. Und wer durch diese riesigen Gebiete fast völlig leeren Lebens fährt, lernt, dass Armut — über das schier Überwältigende des Ausmaßes hinaus — auch ein Leben in vollständiger Unveränderlichkeit ist. Man kann gezwungen sein, die Konsequenzen der Armut zu tragen. Man kann schließlich gezwungen sein, Armut als Lebensbedingung zu akzeptieren.

Insgesamt betrachtet ist das, was man vom Zug aus sieht, anders. Wenn man auf Schienen reist, sind die Eindrücke vielfältiger. Sie entwickeln sich langsamer. Und Informationen langsamer aufzunehmen macht einen klüger. In der Semiotik — der Wissenschaft von Zeichen und Zeichensystemen — spricht man manchmal vom *semiotic slow-down*. Der Begriff beschreibt Situationen, in denen man die Geschwindigkeit der Zeichen und das Verarbeiten von Zeichen verringert, um besser mit ihnen umgehen zu können. Um ein tieferes und damit besseres Verständnis zu erreichen. Wir kennen das zum Beispiel von den Verhören der Polizei oder von Gerichtsverfahren, bei denen immer aufs Neue wiederholt wird, wo der Täter stand, wie er das Messer hielt, wie das Opfer am Tatort lag. Man friert die Situation gewissermaßen komplett ein, um sie dann in *slow motion* durchzugehen. Das Ergebnis ist ein tieferes Verständnis dessen, was passierte — und führt zu einem hoffentlich genaueren und gerechteren Urteil. Wir kennen das auch von dem Begriff *slow food*: Indem man den Zubereitungsprozess verlangsamt, erreicht man einen besseren Geschmack. Genau wie bei Vincenzas Tomatensoße. Und wir kennen das auch aus dem geschützten Raum der Psychotherapie. Durch langsames und sorgfältiges Entwirren der Fäden kann man wieder ein Gleichgewicht finden und vielleicht sogar einen neuen Sinn im Leben.

Beim Zugfahren hat man auf genau die gleiche Weise ein verlangsamtes Tempo – etwa im Verhältnis zu einem Flugzeug. Eine Reise von Kopenhagen nach Süddeutschland dauert beispielsweise einen ganzen Tag oder eine ganze Nacht. Und an einem Tag im Zug sieht man mehr, auch wenn die Strecke, die man zurücklegen kann, kürzer ist. Man bekommt also mehr Informationen auf weniger Strecke. Das heißt, man wird klüger. Denn wenn man zum Beispiel tausend Sachen über Norddeutschland weiß, ist man klüger, als wenn man nur hundert Sachen weiß über die ganze Reise von Kastrup nach Sydney.

Auch ein Zug kann sich auf einer längeren Reise besser entfalten. Oft sind die Züge, die man auf längeren Strecken einsetzt, regelrechte Vergnügungswagen – Paläste oder Hotels auf Rädern, wie es so oft in den Broschüren der Reisebüros steht –, und deshalb kann man die vielen wunderbaren Einzelheiten, die der Zug den Reisenden bietet, erst so richtig genießen, wenn man sich Zeit nimmt, den Zug kennenzulernen. Gute Züge haben zum Beispiel Panoramawagen. Und besonders in gebirgigen Gegenden werden auch Züge mit Glasdach eingesetzt, sodass man die Welt richtig in 3-D genießen kann. Hat man genug vom Alleinsitzen und Hinausschauen, ist es angenehm, wenn der Zug einen Loungewagen mitführt. Dieser Lounge Car ist das Wohnzimmer, wo man ohne weiteres miteinander ins Gespräch kommt, weil man oft auf Ecksofas sitzt oder in kleinen Sitzgruppen. Später am Nachmittag könnte man um einen Drink im Barwagen bitten, wenn der Zug einen solchen mitführt – die teureren Züge überall auf der Welt haben sie oft. Und so kann man, während man den Sonnenuntergang über der Savanne genießt und ein paar Nüsse knabbert, manchmal raffinierte Cocktails schlürfen. Und das alles nur zum Aufwärmen vor dem Essen, das im Speisewagen serviert wird, wo die Kellner um einen herumwieseln, während man die Delikatessen der Region genießt. Nach Essen und Wein – es sei denn, man reist in Indien, wo fast alle in Zügen und Flugzeugen Leitungswasser, Orangensaft oder Mineralwasser trinken, was auf ganz eigene Weise befreiend ist – kann man sich im Club Car amüsieren. Wenn der Zug einen Klubwagen hat, fährt gewissermaßen ein rollendes Herrenzimmer mit. Hier kann, wer will, eine dicke Zigarre rauchen oder einen Whisky trinken, ehe er sich zum Schlafen zurückzieht. Jeder schläft in seinem eigenen Coupé, das sich unversehens – mit Hilfe eines Butlers – in ein luxuriöses Schlafzimmer verwandelt hat, Federkernmatratze und Gute-Nacht-Schokolade inklusive.

So entfalten sich im Lauf von vierundzwanzig Stunden die Angebote eines Zuges und seines Personals. Und sie zeigen – langsam –, um wie viel interessanter es ist, Bahn zu fahren, als zum Beispiel zwölf Stunden in einem Flugzeug zu sitzen, wo alle Angebote und alle Möglichkeiten einer Begegnung sich allein auf den Sitzplatz beschränken.

Ob ich schlicht und einfach ein Zug-Fan bin? Das glaube ich nicht. Aber das Langsame ist eine Qualität, die man in einem Zug besonders gut erleben kann. Oder, anders ausgedrückt: Ich glaube, es gibt einen Grund, warum ich bei zwölf Reisen in allen Kontinenten nur ein einziges sinnvolles Gespräch in einem Flugzeug geführt habe. In den Zügen dagegen habe ich mit Menschen aus der ganzen Welt gesprochen.

»Rosa Kirschblüten. Der Nozomi fährt nach Tokio. Japan ist super.«

Tokio – Kyoto, März 2005

Mit dem schnellsten Expresszug der Welt zu fahren – dem Shinkansen – fühlt sich anders an als alles, was ich bisher kannte. Einer der raffiniertesten Unterschiede besteht darin, dass alle Schienen zu einem langen Stück Metall verschweißt worden sind. Dadurch spürt man rein gar nichts mehr von dem allseits bekannten Zugrhythmus. Stattdessen fühlt der Körper nur ein leichtes Sausen.

Während ich das schreibe, verlässt der Zug gerade den Bahnhof von Tokio, wo ich zuvor in den vielen Läden des Untergeschosses stundenlang nach dem besten Essen für die Zugfahrt gesucht habe. Die japanischen Brotbüchsen heißen *obento*; sie sehen aus wie kleine Setzkästen voller mundgerechter Happen. Die Version, die man als Reiseproviant auf den Bahnhöfen kauft, hat jedoch einen anderen Namen. Der ist aus den Schriftzeichen für »Bahnhof« und »Brotbüchse« zusammengesetzt. Mein *eki-ben* ist voller Leckerbissen. Aber noch ist er in ein Tragetuch eingepackt, dessen Knoten als Griff dient. Ich habe für die Fahrt außerdem ein japanisches Herrenmagazin gekauft und ein Buch über die ältesten Geschäfte Kyotos.

Die Zugbegleiterin in ihrem grell pinkfarbenen Kittel ist eben auf der einen Seite vorbeigegangen, während auf der anderen gerade ein entgegenkommender Shinkansen an uns vorbeisaust. Die beiden Züge brauchten gerade mal zwei Sekunden, um einander zu passieren. Bei 270 Stundenkilometern hat man tatsächlich das Gefühl, als flögen die sechzehn Wagen des Zuges über die Erdoberfläche.

Kyoto steckt voller alter japanischer Kultur und traditions-reicher Handwerksläden. In dem Geschäft Aizen Kobo kann man beispielsweise Textilien kaufen, die mit Indigo gefärbt sind. Bei Shioyoshi-ken gibt es typisches Kyoto-Konfekt zu kaufen. Bei Fuka, gleich westlich der Umgebung des Kaiser-palastes, bietet man eine japanische Spezialität an, die aus Wei-zenkleber hergestellt ist. Bei Iriyama kann man den feinsten Tofu kaufen. Die Japaner sind ganz verrückt nach den merk-würdigen puddingartigen Rechtecken, die aus Sojabohnen her-gestellt werden. Sie mögen sie so sehr, dass sie diese sogar mit Haikus bedenken.

Mame te. Shikaku te. Yawarakaku te.

»Aus Bohnen gemacht. Rechteckig geschnitten. Und weich.«

Ein alter japanischer Haiku-Dichter war es, der mir einmal an der Universität von Tokio davon erzählte. »Du musst Haiku schreiben. Das wird dein Leben bereichern. Weil du aufmerk-samer wirst.«

Das Geschäft Ippo Do verkauft Tee. Yubahan bietet die be-sondere Tofu-Variante aus der Sojamilchhaut an, die bei der Herstellung von Tofu entsteht. Miyawakibaisen-an verkauft Fächer. Kyoto ist eine langsame, eine gediegene, eine schöne Stadt. Als sei die Moderne noch nicht ganz bis dorthin vorge-drungen. Oder als wäre es ein Skandal, sollte das je passieren.

Japan ist ein Land mit stark ausgeprägtem sozialem Be-wusstsein und mit guten Manieren. Eine freundliche Damen-stimme hat die Reisenden gerade auf Englisch gebeten, den Ton ihrer Handys abzustellen. In Japan ist es normal, dass man in den Zügen nie ein Handy klingeln hört oder dass man nie ei-nen Menschen im Zug telefonieren sieht. Ich spüre deutlich, dass ich im Green Car fahre – der japanischen Ausgabe der ers-ten Klasse. Die Fahrkarte hat 18160 Yen gekostet. Oder *En*, wie die Japaner sagen. *En* gehört zu den typischen Verwechs-lungen, die bei den allerersten Übersetzungen vom Japanischen ins Englische auftraten. Ein Mann sah das Zeichen für *En*, das einem Y mit zwei Querstrichen ähnelt – ¥ –, neben das ein international und pädagogisch veranlagter Japaner die Aussprache in lateinischen Buchstaben geschrieben hatte. Aber jener Mann las das alles zusammen wie Y + *En*. Und seither sagen Ausländer *Yen*. Umgerechnet hat meine Fahrkarte etwa tausend Kronen gekostet. Die Sitze sind so groß wie im Flugzeug, sie haben bequeme Fußstützen, die sich aufstellen lassen, es gibt eine Klimaanlage, und es gibt eine digitale Zeitung mit den neuesten Nachrichten.

Die Fahrt dauert nur gut zwei Stunden. Der Shinkansen war der erste Hochgeschwindigkeitszug der Welt. Es waren die Japaner, die den ersten Zug der Welt bauten, dessen Geschwindigkeit 200 Stundenkilometer überstieg.

Die Geschichte der schnellen Züge ist alt und begann vor vielen, vielen Jahren. Die englische Firma Liverpool & Manchester Railway Company war Ende der 1820er Jahre gerade dabei, die Eisenbahnstrecke zwischen den beiden Städten fertigzustellen, als die Frage aufkam, welche Lokomotive man am besten einsetzen sollte. Daraufhin wurde ein Wettbewerb ausgeschrieben, The Rainhill Trials, an dem sich fünf Herstellerfirmen mit ihren Lokomotiven beteiligten. Beim Endspurt waren dann nur noch drei Lokomotiven dabei, und das Modell Rocket von George und Robert Stephenson machte schließlich das Rennen. Es unterlagen Timothy Hackworths Lokomotive, die kesse Sans Pareil, sowie der dritte Teilnehmer, die gewaltige Novelty von John Braithwaites und John Ericsson. Obwohl Novelty damals wahnsinnige 28 Meilen – entsprechend 45 Kilometern – in der Stunde erreichte, schied sie, wie auch die Sans Pareil, aufgrund technischer Schwierigkeiten beim Wettbewerb aus, sodass Rocket als Sieger hervorging, obwohl der Zug nur eine Durchschnittsgeschwindigkeit von zwölf Meilen in der Stunde erreichte.

Viele Ingenieure sind der Ansicht, dass die Entwicklung des

Shinkansen in der Geschichte der Eisenbahn ebenso wegweisend war wie damals The Rainhill Trials. Denn als die Briten Anfang der sechziger Jahre ihre letzte Dampflokomotive vorstellten, den Evening Star, erfanden die Japaner zur selben Zeit einen Zug mit zwölf Wagen, der mit über 200 Stundenkilometern von Tokio nach Osaka raste. Schon 1972 erreichte er eine Geschwindigkeit von 260 Stundenkilometern. Heute fahren die meisten Shinkansen 270 Kilometer in der Stunde. Die höchste Geschwindigkeit erreicht man auf der Strecke zwischen Osaka und Hakata, wo der Zug 300 Stundenkilometer schafft. Die Spitzengeschwindigkeit eines dänischen IC3-Zuges liegt zum Vergleich etwa bei 180 Stundenkilometer.

Ursprünglich hatten die Japaner nur Schmalspureisenbahnen, die sich für schnelle Züge jedoch nicht eignen. Deshalb verwarf man die alten Gleisanlagen ganz und erfand die nagelneuen Shinkansen-Züge. Maglev heißt die neueste Version, die ständig weiter perfektioniert wird, eine geschickte Abkürzung für einen Zug, der »fährt«, indem er über Elektromagneten schwebt. Der Nozomi, mit dem ich heute unterwegs bin, ist der schnellste.

Die Ansicht, es habe mit den japanischen Hochgeschwindigkeitszügen nie Unfälle gegeben, ist weit verbreitet, und viele Japaner brüsten sich damit. Aber das stimmt nicht ganz. Es hat verschiedentlich Entgleisungen gegeben, und man fürchtet besonders die Kombination von Hochgeschwindigkeit und unerwarteten Erdbeben. Tödliche Unfälle waren allerdings sehr selten. Die weitaus meisten Unfälle geschehen, weil die Kleidung der Leute in den Zugtüren hängen bleibt. Ehe das noch jemand feststellen kann, ist der Zug längst schon aus dem Bahnhof gerast, mit einem Menschen im Schlepptau. Es hat auch Selbstmorde gegeben, wo sich Menschen vor das unerbittliche Projektil des Zuges geworfen haben.

Wir rauschen durch einen Tunnel nach dem anderen. Fliegen über Flüsse. Sausen durch Täler. Flitzen an urbanen Landschaften vorbei, mit ihren Wäldern aus Betonsäulen, Antennen, Strommasten, Schornsteinen. Mitten im Berginneren blinken plötzlich die Fenster des Zuges auf dem Gleis nebenan für einen kurzen Moment auf. Dann sind sie wieder weg – alle diese Menschen, die in die entgegengesetzte Richtung, nach Tokio, rasen. Die Geschwindigkeit ist wirklich unfassbar, ebenso wie die Anzahl der Menschen. Seit dem zaghaften Start 1964 hat der Shinkansen mehr als dreieinhalb Milliarden Menschen landauf, landab durch Japan transportiert.

Soeben haben wir die Stadt Hiratsuka passiert. Mit dem gewöhnlichen Bummelzug fährt man von Tokio aus eine gute Stunde. Als wir mit dem Shinkansen daran vorbeibrettern, sind wir erst seit knapp zwanzig Minuten unterwegs.

Neben dem Bahnkörper, inmitten der Reisfelder und weit entfernt vom Zug, sodass man sie lesen kann, stehen große Reklametafeln. Sie werben für alles Erdenkliche zwischen Himmel und Erde. Auf vielen Hausdächern sind ebenfalls Riesenschilder angebracht, und von hohen Fabriksilos wehen Banner mit Schriftzeichen zur Erde. Aus meinem Fenster sehe ich Werbung für Toho Cinemas, Dynacity, Meiji Schokolade, AOKI Men's Plaza, Fujiko, Misawa, Takumi, UCC Coffee und Suzuyo.

»Die Kunst hat gewiss einen Tiefstand erreicht, wenn man auf der einen Seite eines Fächers eine Bierflasche und auf der anderen einen Zugfahrplan abgebildet findet«, schrieb der Sprachwissenschaftler B. H. Chamberlain. Das war 1904.

Ich weiß nicht, warum Japaner für Werbung lateinische Buchstaben benutzen. Vielleicht finden sie einfach, das sähe cool aus. Sie mögen den Ton und den Anblick des Westens. Die Bedeutung ist nicht immer wichtig. Im Ueno-Park sah ich ein Schild, auf dem stand Freshness Café. Und in den vielen *kombini* – das ist die japanische Abkürzung für *convenient store* – kann man das koreanische Lotte-Kaugummi kaufen, deshalb so berühmt, weil es *sugarless* ist.

Jetzt kann ich draußen das Meer sehen. Dann ein Tal. Dann einen neuen Tunnel. Und plötzlich lange, geometrisch exakt angeordnete Reihen von Büschen. Wir sind in Shizuoka, wo der berühmte grüne Tee angebaut wird. Das Feld sieht aus, als würde es von einem autistischen Gärtner sorgfältigst mit der Nagelschere gepflegt. Die runden Formen sind vollendet und wunderschön.

Ich nehme mir das Essenspaket vor, das in geblümten Stoff eingepackt ist. Was ich nun sehe, ist auf eine Weise dekorativ, wie wir das in Dänemark überhaupt nicht kennen. Während der nächsten halben Stunde speise ich langsam eine kleine Delikatesse nach der anderen. Mit den Essstäbchen fische ich sie aus dem kleinen *eki-ben*. Da sind Reis mit schwarzem Sesam, goldenes Omelett, pinkfarbene Fischfrikadelle und süße grüne Bohnen. Da sind orange-grüner Kürbis, zähe *shiitake*-Pilze und ein wildfremdes Gemüse. Da ist gekochter Fisch mit Sojasoße. Da sind gebratener Lachs, knuspriges Gemüse und eingelegtes chinesisches Radieschen. Da ist Reis mit Sojasoße. Da ist ein süßer *wagashi*-Kuchen aus klebrigem Reismehl mit süßen Bohnen in der Mitte und daneben frische Ananas. Da ist gebratenes Hühnchen mit Chili und *gobo*-Wurzel. Da ist frittierter Tofu mit *lenkon*-Wurzel und Mohrrübe. Und im letzten Fach ist Reis mit einer einzelnen eingelegten, hellroten *ume*-Plaume obenauf. Das ist auf eine so kompromisslose Weise säuerlich, dass ich schreien könnte. Aus der grünen Flasche habe ich einen Tropfen kühlen Hakkaisan-Sake in einen Plastikbecher eingeschenkt. Der kommt aus Niigata und verschafft einem den üblichen Zen-Rausch. Ein Wechsel von einem Augenblick zum nächsten. Schnips! Sogleich voll. Schnips! Sogleich nüchtern.

Nach meinem *eki-ben* und der kleinen Flasche Sake beginne ich dieses *Gentleman's Quarterly* zu »lesen«, das ich am Bahnhof gekauft habe. Die japanische Ausgabe des englischen Herrenmagazins *GQ* wimmelt von Zeichen, die ich nicht verstehe. Aber auf der Vorderseite der Zeitschrift ist der Musiker Ryuichi Sakamoto abgebildet. Er wurde für eine Modeserie fotografiert. Auf einem der Bilder trägt er eine glatte schwarze Lederjacke und dazu einen vergrößerten buddhistischen Rosenkranz um den Hals.

Nagoya Station. Von hier aus fährt der erste eigentliche Maglev-Zug, *linear motor car*. Das ist die neueste Version des Shinkansen. Dieser Zug, der auf einer nur 9,2 Kilometer langen Strecke verkehrt, hat als höchste Geschwindigkeit etwa 580 Stundenkilometer erreicht.

Japanische Herrenmagazine blättert man von hinten nach vorn durch. So als würde man etwas Arabisches lesen. Das ist schon ein komisches Gefühl, mit 270 Stundenkilometern vorwärtszurasen und die Bilder langsam von hinten nach vorn durchzublättern.

Die Japaner lieben das Schnelle. Das ist gleichermaßen eine Zen-Qualität, wie eine Fliege zwischen zwei Essstäbchen zu fangen. Oder die ganze Welt in einem Haiku einzufangen. Der größte Haiku-Dichter aller Zeiten war Bashō. Er war ein großer Meister darin, alle Sinneseindrücke zu versammeln — sie zusammenzufügen wie die Farbflächen bei einem Zauberwürfel —, aber das eben in einem Gedicht mit nur drei Versen, von denen jeder nur aus ganz wenigen Silben besteht. Fünf Silben, dann sieben und dann wieder fünf. Und dann ist alles gesagt. Sich zu beschränken ist in Japan eine Qualität.

Vor kurzem war der Schaffner im Abteil. Jedes Mal, wenn er hereinkommt, verbeugt er sich tief vor uns, ebenso wenn er wieder hinausgeht. Draußen fliegt eine Kirin-Brauerei vorbei. *Kirin* bedeutet im Japanischen »Giraffe«. Aber das Bier dieser Brauerei schmeckt nicht annähernd so gut wie das Yebisu-Bier, das manchmal sogar in gefrosteten Biergläsern serviert wird.

Als wir kurz darauf den Fluss Ibigawa überqueren, frage ich den Schaffner, wann wir eigentlich in Kyoto eintreffen. Er zieht ein kleines Plastiknotizbuch aus der blauen Uniform, das er gründlich konsultiert. Er rechnet laut vor sich hin und teilt mir mit, es dauere noch genau fünfundzwanzig Minuten. Er verbeugt sich leicht, lächelt, dann tritt er ab.

Ich muss zur Toilette. Auf einem der Sitze in der ersten Klasse liegt laut schnarchend ein stämmiger kleiner Japaner. Den Sonnenhut hat er noch auf dem Kopf, nicht einmal die hygienische Gesichtsmaske hat er abgenommen, die die Japaner tragen, wenn sie erkältet sind. In meinem Green Car ist nur ein Drittel der Plätze belegt. Die Zugtoilette scheint in Japan das am wenigsten Fortschrittliche zu sein. Natürlich hat das Pissoir einen Raum für sich. Aber in der Toilette gibt es weder eine Sitzheizung noch ein eingebautes Bidet mit scharfem Wasserstrahl. Es gibt auch keinen Knopf, den man drücken kann, sodass es klingt, als spülte man. Den drücken die Damen normalerweise fleißig, wenn sie auf der Toilette sind. Auf diese Weise übertönen sie ihre natürlichen Geräusche. Als der Knopf erfunden wurde, war das eine Revolution, weil man ja Unmengen Wasser sparen konnte, indem man sich damit begnügt, daraufzudrücken. Gestern in Tokio war ich im Nationalmuseum im Ueno-Park; ich wollte mir eine Sonderausstellung zur Kirschblüte ansehen und die Statue eines zen-buddhistischen Bodhissatva, die der Öffentlichkeit nur sehr selten zugänglich ist. Als ich austreten ging, klappte in der Museumstoilette von selbst der Deckel auf, sobald ich die Tür geöffnet hatte. Es wurde auch von selbst gezogen, sobald ich aufgestanden war. Und sowohl Seife als auch Wasser und Lufttrocknung waren ein automatischer Prozess, der im Handwaschbecken stattfand.

Im Museum sah ich außerdem einige der ersten Gemälde, die unter Einfluss der Ästhetik des Westens entstanden sind. Shinpu Takamura malte die *Nachtszene auf dem Bahnhof*. Das ist Öl auf Leinwand, ausgeführt im Jahr 42 der Meiji-Periode, was unserem Jahr 1909 entspricht. Das Bild zeigt eine junge Frau; sie trägt einen geblümten Kimono in Grün und Gelb.

Daneben sitzt ein alter Mann mit einem langen Bart. Sie hält einen Fächer in der Hand und sitzt schlafend auf ihren Habseligkeiten. Ganz genau so, wie es die Reisenden von heute tun.

Als ich wieder an meinem Platz bin, kann ich gerade noch meine Sachen zusammenpacken, ehe der Zug für »einen ganz kurzen Aufenthalt auf dem Bahnhof von Kyoto« anhält – so die Mitteilung aus dem Lautsprecher. Das hier ist wahrhaftig ein Expresszug.

In Kyoto hingegen ist Ruhe. Stillstand. Ich wohne drei Tage in einem *ryokan*. Das ist ein japanisches Hotel mit Zimmern ohne richtiges Bett, ohne Stühle oder Tische. Man sitzt auf dem Fußboden, man schläft auf dem Fußboden, man schreibt auf dem Fußboden, und man isst auf dem Fußboden. Alles ist anders. Alles ist japanisch. Auch dieses vernünftige Frühstück. Das ist bestimmt nicht das, worauf ein Däne am frühen Morgen am meisten Lust hat. Aber vielleicht ist es in Wahrheit das, was er am nötigsten braucht. Reis, gekochter Tofu, Misosuppe, grüner *nori*-Tang, eingelegtes Gemüse und Ingwer, winzige Fische, gekocht in Zucker und Sojasoße, gebratener Lachs und Tee mit geröstetem Reis. Die Tage sind lang, verbummelt, und sie sind voll schöner Zen-Tempel und Gärten mit zu feinen Mustern geharkten Steinchen. Aber nicht lange, und die Großstadt ruft. Ich muss zurück nach Tokio. Und dieses Mal mit der, ach, mit der zweiten Klasse.

In den drei Wagen, zwischen denen ich wählen kann, gibt es keine reservierten Plätze. Es sind zwei Raucher- und nur ein Nichtraucherwagen. Die Sitze sind wesentlich kleiner als im Green Car, für mich sind sie ein bisschen zu klein. Ich habe Mühe, in mein großes schwarzes Buch zu schreiben. Ich weiß nicht, wohin mit meinen Ellbogen. Kinder schreien, Damen husten, Männer schwatzen drauflos. Mein erster Platz ist in einem der Raucherabteile, wo Hunderte scheinbar identischer dunkelblauer Anzugträger mit nassen, vom Rauch gereizten

Augen sitzen und paffen, was das Zeug hält. Ich bekomme einen Platz neben einer süßen uralten Dame. Wie sich zeigt, muss sie — so wie viele andere — in Nagoya aussteigen. Nach einer Weile packe ich mein Lunchpaket aus. Es ist nicht gerade zweiter Klasse, aber schon ein wenig gewöhnlicher als beim letzten Mal. Es ist ein schönes *Yonezawa-gyu-bento*. Das Kästchen ist einfacher, mit Fleisch aus Yonezawa, das auf Reis liegt, dazu Sojasoße, Ei, *konnjaku*-Stärke und kleine Pilze. Ich trinke lauen grünen Tee aus der Flasche.

Als ich vor kurzem in dieser zierlichen Schlange wartete, die sorgsam dem auf den Bahnsteig gemalten Muster folgte, beobachtete ich einen jungen Mann mit Kopfhörern. Ich schickte meinem Freund Ole einen freundlichen Gedanken. Dieses Mal kam ich nicht dazu, all die Musik zu hören, die er für meine Reise vorbereitet hatte. Die einzige Musik, die ich während der ganzen Fahrt gehört habe, ist die von Ayumi Hamasaki. Eine junge Frau, die den phantastischsten synthetischen J-Pop singt, den ich kenne. Von ihr gibt es gerade eine neue CD, die ich nicht weit von der weltgrößten Buddha-Statue in Nara gekauft habe. Dazu gehörte auch eine DVD; ich habe sie mir im Computer in meinem *ryokan*-Zimmer in Kyoto angeschaut. Die CD heißt »My Story«.

In Nagoya tausche ich den Platz und komme auf diese Weise endlich aus dem Rauch. Stattdessen sitze ich jetzt neben einem laut schniefenden jungen Mann mit einem erstaunlichen Gefühl für Rhythmus. In Japan ist es äußerst unhöflich, sich öffentlich die Nase zu putzen. Aber niemand hat etwas dagegen, dass einer die Nase hochzieht. Wahnsinnig nervend. Alle drei Sekunden. Er hört überhaupt nicht auf. Es wirkt wie eine ernsthafte psychische Störung. Ein bisschen so wie eine bestimmte Geisteskrankheit, die es wahrscheinlich nur in Japan gibt und die sich darin äußert, dass Männer auf Bahnhöfen herumlaufen und falsche Lautsprecheransagen herausschreien. Manchmal klingt es genau wie die Stimme im Lautsprecher, und das sorgt regelmäßig für heftige Verwirrung unter den Reisenden auf den Bahnsteigen.

Zwischen dem Schniefer und mir sitzt ein älterer Herr. Er sitzt mäuschenstill. Er liest. Ein Buch voller Schriftzeichen, die über die Seiten rieseln. Er trägt einen schönen Anzug und dazu eine feine Krawatte. Auf der Krawatte sind Enten. Vor ihm steht eine bronzefarbene Tüte des Schokoladenherstellers Godiva und eine bauchige kleine Mineralwasserflasche.

Eine Frau mit gelber Schürze verkauft von einem kleinen Wagen Snacks, Kaffee und Sake. Die meisten im Wagen schlafen. In Japan kann man überall schlafen. Es gibt so gut wie keine Kriminalität, sodass die Leute sich an den sonderbarsten Stellen zum Schlafen hinlegen.

In meinen Zeitungen – *The Japan Times* und *The Daily Yomiuri* – erregen besonders zwei Nachrichten mein Interesse. Die eine besagt, auf der *Forbes 2000*-Liste der erfolgreichsten Unternehmen der Welt sei Toyota Motor Corporation in diesem Jahr wieder die am höchsten platzierte japanische Firma. Sie liegt auf Platz zehn und damit zwei Plätze niedriger als letztes Jahr. Die zweite berichtet darüber, dass in Tokio endlich die Kirschbäume aufgeblüht sind.

Vor dem Fenster sind Häuser zu sehen, so weit das Auge reicht. Überdachte Golfplätze. Millionen kleiner Toyotas – fast alle schwarz oder weiß. In Japan ist es eine Tugend, sein Auto sauber zu halten. Wenn man sich also das aussucht, was am leichtesten schmutzig wirkt, kann der Nachbar am deutlichsten erkennen, wie engagiert man die Pflege seines Autos betreibt. In Kyoto sah ich vom Fenster aus, wie eine Art Miniaturwaschhalle über einem Wagen auf dem Parkplatz des Royal Host-Restaurants hin- und herfuhr. In Japan ist alles handlich, praktisch, zügig und durchdacht.

Die langen geschwungenen Hecken aus Teepflanzen in der Landschaft gleichen Skulpturen. Als wir in die Dunkelheit eines Tunnels rasen, knackt es in den Ohren. Ich habe keine

Ahnung, wie tief wir sinken. Plötzlich ist da Wald, dann eine alte Scheune, dann Tausende von Strommasten über einem Wohnviertel, dann ein Fußballplatz, dann ein ausgetrocknetes Flussbett, dann eine japanische Flagge, dann Reklame für Knorr, dann eine Sapporo-Brauerei, dann wieder Terrassen mit Teepflanzen, dann ein Kirschbaum voller rosafarbener Blüten, dann ein entgegenkommender Shinkansen-Zug, dann noch ein Flussbett, dann ein Riesenfußball über einer Sporthalle, dann ein Schild, das für Toda Books wirbt.

Ich glaube, jetzt müsste man auf der linken Seite den Fuji sehen können. Aber ich sitze rechts, und es ist heute genauso diesig wie auf dem Hinweg. Dieses Mal bekomme ich den heiligen Vulkan nicht zu sehen.

Ich langweile mich. Aber dann habe ich plötzlich eine Idee. Und nach minutenlangem Kampf gelingt mein Haiku, genau siebzehn Silben müssen sich auf fünf, sieben, fünf verteilen.

Pinku no hana. Nozomi wa Tokyo e. Nihon wa sugoi.

»Rosa Kirschblüten. Nozomi fährt nach Tokio. Japan ist super.«

– Shinkansen, Shin-Yokohama Station,

2. April 2005, 14.47 Uhr

Denk an
die Zahnbürste

Ich sehe es noch immer vor meinem geistigen Auge.

Ein Inder steht eines Morgens früh auf. Er zieht sich an und frühstückt, unten auf der Straße nimmt er sich eine Rikscha und fährt zum Flughafen von Neu Delhi. Er checkt ein für einen Inlandsflug und fliegt einige Stunden. Schaut auf die Wolken, nimmt eine vegetarische Mahlzeit zu sich und sieht den Film an. Das Flugzeug landet in Bombay. Der Inder nimmt eine Rikscha zum Hotel Marina an der Promenade am Meer. Er bittet darum, den Direktor sprechen zu dürfen, der ihm kurz darauf eine Tragetasche aushändigt. Unser Freund nimmt eine Rikscha zurück zum Flughafen. Er checkt ein für einen Inlandsflug. Neue Wolken, neuer Film, neues Essen. Vielleicht blättert er in einer Zeitschrift. Wechselt vielleicht ein paar Worte mit dem Sitznachbarn. Vom Flughafen fährt er in einer Rikscha zu seinem Arbeitgeber. Mr Tarun Dewan empfängt ihn an der Tür, dankt ihm und legt die Tasche auf seinen Schreibtisch. Er muss morgen daran denken, wenn er diesen Dänen treffen wird …

Es kostete knapp tausend Kronen, einen Kurier von Neu Delhi nach Bombay und wieder zurück fliegen zu lassen. Aber für mich war es lebenswichtig, dass er es tat.

Ich saß im Zug zwischen Bombay und Goa, als ich es merkte. Am Vortag hatte ich die Tür meines Hotelzimmers in Bombay mit dem eigenartigen, sehr deutlichen Gefühl, etwas vergessen zu haben, hinter mir ins Schloss fallen lassen. Aber ich war darüber hinweggegangen. Das war bestimmt nur wieder mein ewiges Schuldgefühl oder meine permanente Unsicherheit infolge des vielen Herumreisens. Ich checkte also im Hotel aus und machte mich auf den Weg nach Süden, zu Portugals ehemaliger indischer Kolonie. Dann im Zug, als ich mich zum Essen umkleiden wollte, wurde es mir so schlagartig klar, als hätte jemand ein Dia vor mein inneres Auge geschoben. Ich sah das Jackett auf dem Bügel vor mir, wo ich es im Hotelzimmer hingehängt hatte, damit es sich nach dem langen Flug im Koffer aushängen konnte. Nun ja. Ein Jackett für ein paar tausend Kronen. Das ist doch nichts weiter als ein totes Ding. Es gibt Schlimmeres. Das heißt, exakt formuliert, lautete das Problem: ein Jackett für ein paar Tausend Kronen – mit meinem Pass in der Innentasche.

Ich war bestürzt. Mein Pass war weg. Mit einem Mal hatte ich keine Identität mehr. Ich konnte nicht mehr dokumentieren, wer ich bin. Das ist ein sehr eigenes Gefühl in einem Land mit über einer Milliarde Einwohnern. Selten habe ich mich so einsam gefühlt.

Bittere Erfahrungen, Vorfälle oder eben Schicksal – was einem unterwegs so zustößt. Auf diese Weise lernt man jedenfalls. Man muss den Pass in seinem Gepäck immer an eine bestimmte Stelle legen. Und jedes Mal, wenn man einen Ort verlässt, nachprüfen, ob er noch da ist. Jedes Mal.

Wenn ich hier von dem Ausweis rede, dann natürlich, weil er für einen Reisenden das allerwichtigste Teil der Ausrüstung ist. Und der Pass ist wohlgemerkt nur gültig mit einem Visum darin. Visa musste ich sowohl für die USA wie für China, Australien und Indien haben. Ohne die großen bunten Aufkleber, die jeweils eine ganze Seite im Pass einnehmen, wäre ich nicht ins Land gekommen.

Außer dem Pass haben mich noch andere Dinge auf jeder einzelnen Reise begleitet. Zum Beispiel mein Rimowa-Koffer. Ein deutsches Fabrikat, das für zweierlei berühmt ist: Zum einen für seine Haltbarkeit. Zum anderen für seine Patina, denn diese altmodischen Metallkoffer sind mit der Zeit schrecklich verbeult, aber das gehört dazu. Auf diese Weise erinnert man sich jedes Mal lebhaft an seine Reisen, wenn man den Metallkasten wieder mal aus dem Keller holt. Ach ja, diesen Zacken hat er im Flughafen von Hongkong bekommen, und dieser riesige Ratscher stammt von der Gepäckabfertigung in Heathrow. Zu Rimowa-Koffern gehören die Aufkleber, das muss sein. Ganz besonders auf den letzten Reisen machten die Menschen große Augen, wenn sie die Aufkleber von all den vielen Orten sahen, an denen der Koffer schon überall gewesen ist. Ich erinnere mich besonders an die lauten Ausrufe einer Gruppe Japaner, die begeistert den großen Aufkleber von Yokohama an der Seite des Koffers entdeckten. Die Szene ereignete sich auf der Finnlandfähre. Ich weiß noch, dass ich neben einem sehr großen Modell eines Mumintrolls stand, als es passierte. Der Rimowa ist ein romantischer Koffer. Ein Koffer mit einer langen Tradition, der Inbegriff maskuliner deutscher Qualität. Und deshalb auch ein sehr teurer Koffer. Aber zur Geschichte gehört auch, dass ich es tatsächlich auf nur zwölf Reisen schaffte, sein gesamtes Innenleben und eines der Räder kleinzukriegen. Entweder hat die Qualität nachgelassen, oder ich gehe enorm ruppig mit meinen Sachen um.

Woran man auf Reisen noch denken muss, ist Geld. Auf meinen zwölf Zugreisen hatte ich immer zwei Kreditkarten bei mir. Aber nachdem mich ein fieser Mensch einmal um alles erleichtert hatte, was ich besaß – das war im Übrigen auf einer ganz anderen Reise in Französisch-Polynesien –, lernte ich die wichtige Regel, dass man außer dem Plastik immer ein paar Hundert zerknitterte Dollarnoten in bar bei sich haben sollte. Und die drei Zahlungsmittel müssen an drei verschiedenen Stellen untergebracht sein. Ich pflege eine Kreditkarte im Portemonnaie, eine im Koffer und das Bargeld an einem geheimen Ort aufzubewahren.

Gerade weil Pass, Kreditkarte und andere Papiere durch

Raub, Taschendiebstahl und gewöhnliche Betrügereien wegkommen können, sind folgende Methoden empfehlenswert:
Vor der Abreise sich selbst eine E-Mail schicken mit den eigenen
Kreditkartennummern und einer Telefonnummer, unter der
sie gesperrt werden können. Gleichzeitig kann man seinen Pass
mit der Fotoseite einscannen und das Dokument immer auf
dem Desktop seines Computers liegen haben. Will man richtig professionell vorgehen, macht man dasselbe mit seinen Flug-
tickets. Jedes Mal, wenn man verreist, kann man diese Doku-
mente einfach an sich selbst schicken. Wenn dann das Unglück
passiert ist, muss man nur einen Computer finden – und so
einen haben in der Regel die Polizeiwachen –, und dann kann
man die ganze Herrlichkeit herunterladen und ausdrucken. So
ist es erheblich leichter, zu dokumentieren, wer man ist, und
man hat Geld zur Verfügung – jedenfalls für einige Tage.

Ganz besonders interessant und bedenkenswert bei meinen
Reisen war, dass ich keine schlechten Erfahrungen mit Kriminellen oder irgendwelchen anderen üblen Menschen gemacht
habe. Alles ist ganz einfach gut gegangen. Und das, obwohl ich
mich zwischendurch an ziemlich gefährlichen Orten aufgehalten habe. Zum Beispiel in Johannesburg in Südafrika und in
Kolumbien, um zwei der lebensgefährlichen Gegenden zu nennen. Die Gerüchte seien stark übertrieben, sagten alle Einwohner von Johannesburg, mit denen ich sprach. In der Stadt
unterwegs zu sein sei sogar recht sicher, sagten sie. Prima,
antwortete ich, dann mach ich jetzt mal einen Spaziergang.
Aber davon wollten sie gar nichts hören. Ich solle ein Taxi nehmen. Immer. Selbst wenn ich nur ein paar Meter weiter bis zur
anderen Straßenseite wolle. Es ist wahr, mir ist nichts passiert.
Trotzdem soll man sich immer an seinen gesunden Menschen-
verstand erinnern, wenn man auf Reisen unterwegs ist. Vielleicht ist das sogar am wichtigsten?

In Sachen Kleidung musste ich mich auf meinen Reisen auf
alles Erdenkliche einstellen. In Kiruna, nördlich des Polarkrei-

ses, lagen noch Schnee und Eis, als ich Anfang des Sommers ankam. In New York war es so heiß wie an einem dänischen Hochsommertag. In Cusco war es an ein und demselben Tag eiskalt und glühheiß. In England regnete es nahezu ununterbrochen – fast wie in Dänemark. Die Kleidung muss dem Ziel angepasst sein. Aber man lernt, wenn man viel reist, dass man mehrere Fliegen mit einer Klappe schlagen kann, indem man einfach nichts mitnimmt. Reist man zum Beispiel nach Asien, wo heutzutage die meiste Kleidung produziert wird, kann man vor Ort fast immer irre billig einkaufen. In China kostet ein Polohemd auf einem Markt dreißig Kronen (= 4 Euro) – wohlgemerkt, wenn man nicht gut im Feilschen ist. In Delhi kostet ein Lacoste-Hemd 200 Kronen. Andernorts ist es nicht der Preis, sondern die Qualität, die man gewinnt. In Paris ist der Stil immer einen Tick klassischer als in Dänemark. In Italien sind die Schuhe immer sehr viel eleganter. In London sind die Unterbüxen immer großvaterartig solide, also genau richtig. Und im Großkaufhaus Marks & Spencer am Marble Arch bekommt man sie immer für 'n Appel und 'n Ei. Wenn man auf Reisen einkauft, kann man also jede Menge Geld sparen oder aber besondere Qualität bekommen. Gleichzeitig geht man sicher – das ist der zweite Vorteil –, dass man immer die richtige Kleidung zur Hand hat. Es fehlt einem nichts, wenn man nichts hat, denn dann kauft man unterwegs eben das, was man braucht. Und nicht zuletzt bin ich auf diese Weise zu ein paar phantastischen Souvenirs gekommen. Es ist ein unvergleichliches Gefühl, ein Hemd mit drei Knöpfen am Hals anzuziehen – das von einer Italienreise stammt. Allein die Erinnerung an das Geschrei auf Neapels Straßen vermag jeden grauen Montagmorgen in ein geistiges Farbfoto zu verwandeln.

Medikamente gehören selbstverständlich immer ins Gepäck, wenn man akut krank ist, aber man sollte auch an seine Vitaminkapseln denken, die zum Beispiel bei Todesangst unerlässlich sind. Bei Charakterschwäche darf man unter keinen Umständen seine Nikotinpflaster vergessen, und bei generellem Lebensüberdruss sollte man an seine Schlankheitspillen denken. Am wichtigsten ist es jedoch, den Reiseführer zu lesen und auf die Einheimischen zu hören. Zwei Mal habe ich mir auf den Reisen wirklich ernsthafte Verbrennungen zugezogen, weil ich mir sagte, dass es mit der Sonne ja doch wohl *so* schlimm nicht sein würde. Dabei stand im Kapitel des Reiseführers zu Machu Picchu: »Denken Sie an Hut und Sonnencreme.« Aber ich glaubte offenbar, ich käme ohne zurecht. Als ich morgens losfuhr, war es doch eiskalt. Die folgende Nacht vergesse ich nie. Krämpfe in der eiskalten Dusche. Hyperventilieren wegen der dünnen Luft – selbst nach zwei Mundvoll durchgekauten Kokablättern. Und das Laken fühlte sich an wie Schmirgelpapier. Wenige Tage später ging verbrannte Haut in Fetzen ab, und die zarteste weiße Haut kam darunter zum Vorschein. Das war wirklich ein Albtraum. Und es war ganz und gar meine eigene Schuld.

Jeder Reisende sollte an seine spezifischen Werkzeuge denken. So muss ein Geologe seinen Hammer dabeihaben, ein Gastronom seinen Appetit. Ich bin Schriftsteller, deshalb muss ich bei jeder Zugreise zwei Dinge parat haben: Papier und Stift.

Es mag anachronistisch wirken, dass ich bis auf zwei alle Geschichten mit Füllhalter in ein altmodisch gebundenes Buch geschrieben habe. Die Indien-Geschichte schrieb ich nach der Erinnerung, denn vor Ort gab es zu viel zu erleben, als dass ich Notizen hätte machen wollen. Die USA-Geschichte schrieb ich in eines der Notizbücher, in die ich Aufzeichnungen für meine Romane notiere. Das gebundene Buch hatte ich nämlich versehentlich mit dem Gepäck aufgegeben, wie es bei Langstreckentouren manchmal möglich ist. Alle anderen Geschichten habe ich mit meinem alten Cartier-Füller in das große Buch geschrieben, das der Buchbinder Ole Olsen für mich angefertigt hat. Ole Olsen ist nicht irgendwer. Er leistet wirklich hervorragende Arbeit. Unter anderem bindet er die Bücher für das Königshaus. Und mein Zugbuch, wie ich es einfach nenne, hat er sorgfältigst gearbeitet: Er wählte gutes Papier, nähte es zusammen, band es in schwarzes Leder ein und versah das Meisterwerk mit einem rabenschwarzen Lederrücken. In den Rücken hatte er mit Gold meinen Namen geprägt, auf die Vorderseite den konkreten Titel: ZUGREISEN. Große Goldbuchstaben, geprägt in schwarzes Leder. Das klingt gefährlich pompös. Aber es war wirklich gut, dass ich ein solides Buch bekam. Denn beim Reisen passiert etwas Interessantes. Alles verschleißt zunehmend. Alles geht in Stücke. Alles ist unter Druck. Reisen ist Verschleiß – auch für Sachen.

Entsprechend sieht mein Zugbuch schon recht mitgenommen aus. Es hat Flecken von einem Sandwich, das ich im Bahnhof von Aalborg auf eine Seite legte. An den Rändern sind Kerben, weil die Klapptische im Shinkansen zu schmal sind für Westeuropäer und ihre großen Bücher. In der Schweiz hat die Vorderseite Käse abbekommen, und am Buchrücken versteckt sich Staub aus den Anden. Man kann noch immer die scharfen Gewürze von New Orleans im Papier riechen, und ich bilde mir ein, dass auch die Gerüche aus dem Schlafwagen im Peking-Express noch da sind. In Australien verschüttete ich versehentlich Victoria Bitter. Und in der Bucht von Neapel bekam es so viel Sonne ab, dass ein Pedant von verfärbtem Leder sprechen würde. In Südafrika verschüttete ich am Esstisch, auf dem auch mein geliebtes Zugbuch lag, den wunderbaren Vin de Constance aus Klein Constantia. In Indien, wo das Buch zwar dabei war, aber eigentlich nicht benutzt wurde, bekam es keine einzige Schramme ab – und das in dem Land, das sonst alles und alle bis zur Unkenntlichkeit zermahlt, wenn man nicht aufpasst. In England fabrizierten mein Vater und ich absichtlich einen Kaffeering auf eine Seite. Ringsum zeichneten wir einen Rahmen und dazu einen Pfeil, und daneben schrieben wir »Orient-Express«. Und dann lachten wir wie zwei ungezogene Jungen.

Aber was soll's. Dinge sind schließlich nicht so wichtig. Sogar einen Pass kann man ruhig einmal verlieren. Man muss nur eines bedenken: Meinem neuen indischen Freund Tarun Dewan zufolge braucht es mindestens eine Woche, um in der dänischen Botschaft in Delhi einen neuen zu bekommen.

Das Hybridland

St. Moritz – Zermatt, April 2005

Marienkäfer heißen *himugüegeli*, und genau so funktioniert es die ganze Zeit. So gesehen ist es doch ganz leicht, Schwyzerdütsch zu lernen.

Aber diese wunderlichen Alpendialekte klingen eher türkisch als deutsch. Erst ein Zischen. Dann ein Hacken. Dann ein komischer y-artiger Vokal. Dann kommen von ganz tief unten aus dem Rachen diese holländischen Kratzlaute.

Allerdings muss man keine Angst haben, in die Schweiz zu fahren, auch dann nicht, wenn man mit einer weit über die Sprachohren gezogenen Skimütze auf die Welt gekommen ist. Denn mit gewöhnlichem Hochdeutsch kommt man dort gut zurecht. Im Hybridland, wo alles in neue Formen umgeschmolzen wird, haben das nämlich alle in der Schule gelernt – als erste Fremdsprache.

»Zum Bahnhof, bitte«, sage ich deshalb in meinem besten Hochdeutsch.

Und der sonnengebräunte Mann wirft sofort lächelnd meinen großen Metallkoffer in den Kofferraum des Wagens und fährt mich zum Bahnhof.

Außer mir sitzen nur noch drei ältere Menschen im Coupé des Glacier Express. Ich weiß nicht, ob es Franzosen sind oder Schweizer. Hier in St. Moritz sprechen die Menschen sowohl Deutsch als auch Französisch, Italienisch oder Rätoromanisch. Rätoromanisch gehört zu den bedrohten europäischen Sprachen, und die Anzahl noch lebender Menschen, die diese Sprache beherrschen, entspricht der Einwohnerzahl einer durchschnittlichen dänischen Provinzstadt. Die Sprache sei im Grunde eine Abart des Lateinischen, heißt es. Und wenn man zuhört, klingt es tatsächlich ein bisschen so — man meint, winzige Bruchstücke von etwas wiedererkennen zu können, was man sonst nur aus dem einen oder anderen Fremdwort kennt.

Die Schweizer in St. Moritz sprechen nicht nur vier verschiedene Sprachen. Sie sprechen sie oft alle gleichzeitig. »Merci viel Mal«, sagte der Taxichauffeur, als ich ihm die 13 Schweizerfranken gab — silberfarbene Münzen, bei deren Anblick die Gedanken zu jener Zeit zurückkehren, als es einem Jungen mit Sammlerleidenschaft Spaß machte, quer durch Europa zu reisen und die unterschiedlichsten Münzen zu ergattern. Der eben zitierte Satz aus nur drei Worten vermengt Französisch und Deutsch und macht im Hochdeutschen grammatikalisch keinen Sinn. Da kann es einem sprachlich schon schwindelig werden.

Aber so ist die Schweiz. Seit damals, als die Kelten die schweizerischen Alpen im Jahr 400 vor Christus besetzten, gab es immer Platz für neue Einflüsse und fremde Menschen. Mehr als 2000 Jahre lang waren die Alpen das reinste Schlachtfeld. Deutsche, Franzosen und Italiener haben um das Gebiet gekämpft, aber die Schweizer haben daraus offenbar gelernt, dass man von Ausländern leben kann. Man kann ihr Geld aufbewahren, ihre Uhren herstellen, ihren Käse produzieren. Oder man kann die einende Kraft zwischen Nationen sein. Seit ein einzelner mutiger Mann namens Henry Dunant *The International Comittee for the Red Cross*, also das Rote Kreuz, begründete und dafür den Friedensnobelpreis erhielt, sind die Schweizer der Klebstoff zwischen den Ländern dieser Welt gewesen. Die Organisation, deren Zweck und Ziel es ist, Verwüstungen durch Kriege zu lindern, hat übrigens Alfred Nobels Friedenspreis noch zwei weitere Male bekommen. Die Schweizer sind ein wichtiges Mitglied der Weltgesellschaft, und sie sind etwas ganz Eigenes.

In meinem iPod stecken drei CDs mit Mundart, gekauft in einem Coop-Laden in St. Moritz. Mundart bedeutet so viel wie Schwyzerdütsch. In dem Coop-Laden konnte man sehen, wie wahnsinnig vielfältig die Schweiz auf allen Gebieten ist. Dort gab es Berge von Pasta, aber auch Mauern aus aufeinandergestapelten Käselaiben und Pyramiden aus Wurst in Dosen.

Die Musik in meinen Ohren ist leicht und lokal, sie erinnert mich an dänischen Rock aus Jütland. Die Stimmung in einer der Nummern ist dieselbe wie bei Poul Krebs und passt perfekt zur Atmosphäre der Tour. St. Moritz ist noch von einer dicken Schicht Schnee bedeckt, selbst wenn die Skisaison hier, in einem der mondänsten Wintersportorte, auf dem letzten Vers jodelt. Die wenigsten wissen übrigens, dass Jodeln eigentlich eine Mischung aus ethnischen Liedern und christlichem Gebet ist.

Ich sitze im Panoramawagen, dessen Dach verglast ist, sodass man die Aussicht richtig genießen kann. Die Berge, die niedrig hängenden Wolkenbänke, die wie frisch gepuderten Tannen und die grelle Sonne hinter allem. Gestern habe ich einen langen Spaziergang um den Lej da Murezzan gemacht — wie der See in St. Moritz auf Rätoromanisch heißt. Es regnete leicht und war unglaublich diesig. Abends fühlte sich mein Gesicht heiß an. Heute Morgen konnte ich feststellen, dass ich einen ultraschwachen Sonnenbrand habe. Ich habe meine erste Dosis Höhensonne abbekommen.

Wir verlassen in diesem Moment Samedan. Der Zug rollt gemächlich aus dem kleinen Bahnhof. Kurz darauf fahren wir in den Albula-Tunnel ein. Sein Scheitelpunkt liegt 1823 Meter über dem Meeresspiegel, und damit ist er der höchstgelegene Eisenbahntunnel der Alpen. St. Moritz liegt etwas höher. Aber wir sind bereits auf dem Weg nach unten. Wir fahren durch den Tunnel. Dunkel, Dunkel, Dunkel. Der sonnengebräunte Mann hinter mir mit seinem alpinen Look wirkt, als sei er auf ewigem Skiurlaub: Mokkahaut, tiefe Falten, Sonnenbrille. Wir warten auf den Kontrolleur. Dunkel. Der Zug bremst leicht. Es ist immer noch dunkel. Und dann liegt urplötzlich ein ungeheurer Druck auf den Ohren. Ich spreche mit dem Kontrolleur über meine Tischreservierung im Speisewagen. Er stempelt die Fahrkarte und erklärt mir, der Speisewagen würde erst in Chur angehängt. Danach ginge der Kellner durch den Zug und nähme die Reservierungen entgegen. Ich bedanke mich. Lehne mich zurück. Schaue aus dem Fenster und sehe nichts anderes als mich. Draußen ist Dunkelheit. Erst in der Ortschaft Preda verlassen wir den Tunnel. Der Schnee ist hier viel dichter. Die Welt ist jetzt in wirbelndes Weiß gehüllt. Hinter Preda windet sich der Zug durch einen Tunnel nach dem anderen, schlängelt sich förmlich an Felswänden entlang, um scharfe Ecken herum. Es erinnert ein bisschen an einen Disney-Film. Oder an einen dieser Abenteuerfilme, die ich mit zwölf in den Herbstferien im Fernsehen angeschaut habe. Plötzlich fahren wir ganz hoch oben durch die Schneelandschaft und sehen tief unter uns eine Ortschaft, wo nicht eine Schneeflocke liegt. In den Alpen ist die Welt urplötzlich in 3-D aufgestellt.

In Bergün/Bravuogn liegt nur wenig Schnee. Hier steigt ein älteres Paar zu. Nachdem der Zug einen weiteren Tunnel passiert hat, fahren wir aus dem Dunkel direkt in eine Wolke. Dichter Nebel umhüllt uns. Der Verkaufswagen mit Bier und Brezeln und Emmentalersandwiches schlingert an uns vorbei. Ich nehme eine Tasse gefriergetrockneten Kaffee, geliefert vom Schweizer Nahrungsmittelgiganten Nestlé, und eine Flasche Rhäzünser Wasser mit einem Steinbock auf dem Verschluss.

In Filisur fährt der Zug ruckartig an. Und gleich darauf ist es so weit: Der Landwasser-Viadukt liegt vor uns. Auf einmal herrscht im Coupé große Aktivität. Amateurfotografen rennen hin und her, geben Ratschläge, wo man stehen soll, nein, nicht da, dort haben Sie Gegenlicht. Aber dann fahren wir darüber hinweg, und die ganze Aufregung ist erstaunlich schnell verflogen. Ich bin mir sicher, dass meine Schnappschüsse dürftig sind. Denn nur in den Broschüren erinnert dieses Meisterwerk der Ingenieurkunst an Bauwerke des Römischen Reiches.

Draußen vor dem Fenster hängen die Wolken tief, fallen die Schluchten mehrere Hundert Meter senkrecht ab, ziehen dichte Wälder, grottenartige Tunnels und hoch einherstolzierende Viadukte vorbei. Vor jedem Tunnel stehen auf einem Schild Name und Länge. Aber das zu lesen ist kaum zu schaffen. Es wird zu einer Art Sport. Gerade eben flog eines dieser Schilder vorbei. Er ist 502 Meter lang, mehr konnte ich nicht erfassen. Der nächste, der Campi-Tunnel, ist 217 Meter lang. Der Champel-Tunnel misst 32 Meter. Die ganze Zeit Tunnels. Alles in allem habe ich heute sieben Täler, 91 Tunnels und 291 Brücken passiert, und das innerhalb von gut sieben Stunden.

Im Moment fahren wir ins Domleschg-Tal, das für seine schönen kleinen Dörfer, Burgen und Schlösser berühmt ist. Der Zug hält in Thusis. Auf dem Perron wartet eine leibhaftige Statue von einer Frau neben ihrem Gepäck. Hinter einem Haus steht ein gigantischer Gesteinsbohrer zum Tunnelbau. Er ist fast ebenso groß wie das Haus. Außerhalb des Ortes sind kleine Heuschober zu sehen. Im Sommer können Touristen darin übernachten, für 20 Schweizerfranken, inklusive Alpenfrühstück. Man schläft im Heu. In meinen Kopfhörern singen Polo Hofer & Die Schmetter Band ein Lied von einer Alpenrose, Alpenrose, Alpenrose. Es klingt ein bisschen wie eine alte Abba-Nummer aus den Siebzigern — komplett mit wilden Bläsern, sanften Gitarrenschnörkeln und wiederholtem C-Stück à la Mélodie Grand Prix. Nur eben alles auf Schwyzerdütsch.

Wir fahren neben einem Fluss her, lauter aufgepeitschte kurze Wellen. Eigentlich habe ich gar nicht so viele Burgen gesehen, denke ich. Aber plötzlich sind sie da, hier, dort, überall. Himmelstürmende Gotik auf einem Felsvorsprung hoch über dem Tal. Das hat etwas von *Frankenstein*. Ich habe übrigens dieses Buch mit auf die Reise genommen, weil die Idee dazu entstand, als Mary Wollstonecraft Shelley einmal Lord Byron besuchte, der in den Schweizer Alpen Ferien machte.

Am Bahnhof Reichenau-Tamins ist der Schnee ganz weg. Noch da sind die idyllischen Holzhäuser, die alten Männer mit den Tirolerhüten, die gelben Güterwagen, die nadelspitzen Kirchtürme, die großen Holzstöße, die modernen Häuser mit neuen Holzläden an den Fenstern.

Die Reise ist genau so, wie ich es mir erträumt habe: als säße ich in einer Modelleisenbahn. Wir halten in Chur, der Kantonshauptstadt von Graubünden. Hier steigen viele Menschen ein, Japaner, Europäer, Amerikaner, Schweizer.

In Chur kommt er endlich, mein Kellner. Der gestresste, blitzgeschwinde Mann in schöner Uniform kann zwischen seinen tausend Zettelchen meine Reservierung für den Speisewagen nicht finden. Aber am Ende klappt es doch. Ich bekomme Tisch Nr. 12 und soll um 12.20 Uhr zum Mittagessen erscheinen. Und in der Schweiz bedeutet das Punkt zwanzig nach zwölf. Jetzt zeigt mein Handy 11.18 Uhr. Ich trage keine Armbanduhr. Dagegen hat die schweizerische Uhrmacherfirma Omega tatsächlich eine Uhr für das Eisenbahnleben entwickelt. Ursprünglich wurde die »Railmaster« nämlich für Ingenieure, Techniker und Eisenbahnpersonal gefertigt. Jahrelang war die Uhr mit dem besonders großen Zifferblatt – damit die Lokomotivführer die Ziffern trotz des Dampfes lesen konnten – die offizielle Uhr für die Mitarbeiter vieler Eisenbahnen auf der ganzen Welt. Zuerst 1895 bei der chinesischen Eisenbahn. Seit 1898 war es die offizielle Uhr bei der elektrischen Straßenbahn in Riga. Seit 1900 bei der serbischen Eisenbahn. Seit 1902 sowohl bei der äthiopischen als auch bei der Schweizer Eisenbahn. Seit 1903 bei der belgischen Eisenbahn.

Seit 1905 bei der kanadischen und der argentinischen Eisenbahn. Seit 1920 bei der norwegischen Eisenbahn. Seit 1921 bei der rumänischen Eisenbahn. Seit 1925 bei der bulgarischen und polnischen Eisenbahn. Seit 1926 bei zwei kleineren türkischen Lokalbahnen und der Eisenbahn durch Rhodesien. Seit 1931 bei der italienischen Eisenbahn. Seit 1940 bei der türkischen Eisenbahn. Seit 1945 bei der nigerianischen Eisenbahn. Seit 1947 bei der australischen Eisenbahn. Seit 1948 bei der finnischen Eisenbahn. Heute benutzen die wenigsten Bahnangestellten mechanische Uhren. Um die Zugreisenden während der Fahrt zu informieren, ging Omega inzwischen dazu über, entsprechende Computersysteme zu erstellen.

Als der Zug wieder anfährt, bewegt er sich rückwärts aus dem Bahnhof von Chur hinaus. Damit beginnt wahrhaftig die lange Fahrt nach Zermatt. Von den Lautsprechern werden die Sehenswürdigkeiten in drei Sprachen angekündigt: Deutsch, Englisch und Französisch. »Wir fahren jetzt gleich über eine Brücke«, sagt eine Frauenstimme, »die ganz genau an der Stelle liegt, wo Vorderrhein und Hinterrhein aufeinandertreffen. Dann fahren wir am Vorderrhein entlang, biegen danach in die Rheinschlucht ein, die Schweizer Antwort auf den Grand Canyon. Hier erheben sich die Berge auf beiden Seiten bis zu 500 Metern. Der Zug verlangsamt sein Tempo, damit wir die gewaltigen Bergflanken genießen können. Man kann das Tal überhaupt nur mit dem Zug durchqueren. In Valendas-Sagogn fahren wir durch einen Halbtunnel, der auf einer Seite offen ist, sodass wir immer noch die Felsen sehen können.«

Der Zug macht in Ilanz/Glion halt, dem zentralen Ort in einer der wenigen Regionen, wo fast ausschließlich Rätoromanisch gesprochen wird. Die Kühe tragen Glocken um den Hals. Die Häuser sind aus Balken gebaut, und sie haben sowohl Schnitzwerk an den Giebeln wie auch riesige Parabolantennen auf den Holzdächern. Über eine ganze Wand des Bahnhofsgebäudes ist Reklame gemalt. Ich verstehe kein einziges Wort des langen Textes.

Die Zeit des Mittagessens rückt näher. Vom Essen im Glacier Express heißt es im Buch *Great Railway Journeys of Europe*, es gehöre mit zu den weltbesten Mahlzeiten, die man in einem Zug bekommen könne. Die Frage ist nur, ob man auch Appetit hat. Heute Morgen habe ich Rösti gegessen, luft-getrocknetes Rindfleisch und Müsli. Und gestern Abend gab es Käsefondue und dazu ein Glas Kirschwasser.

Der Blick aus dem Zugfenster geht sicher viermal tiefer nach unten als der aus dem Fenster meiner Wohnung im sechs-ten Stock in Kopenhagen. Senkrecht nach unten. Der Zug drosselt seine Geschwindigkeit, wir sollen über eine Brücke fahren, die gerade repariert wird. Glücklicherweise sind unter den Planken, über die wir fahren, nur etwa dreißig Meter freier Fall.

Es ist 12.17 Uhr, als ich zusammenpacke und zum Essen gehe – und 13.32 Uhr, als ich mich wieder in dem weichen Sitz zurücklehne, die Augen einen Moment lang schließe und mir alles noch einmal ins Gedächtnis rufe. Fast wie einen Alp-Traum. Auch wenn Alptraum etwas anderes bedeutet, als das Wort trotz dieser Umgebung vermuten lassen könnte. Die erste Szene war schon ein bisschen dramatisch, aber in den Alpen zu essen ist in der Tat spitze.

Ich wackele durch die alten Übergänge von einem Wagen zum anderen. Wie Sean Connery in *The First Great Train Rob-bery* kämpfe ich mich den langen Zug entlang. Nur dass ich es innen tue. Ich stoße mit den Schultern gegen Sitze, werde zwi-schen den Türen eingequetscht, haue Menschen die Schulter-tasche an den Kopf – und komme schließlich im klassischen Speisewagen an, einem wunderschönen alten Wagen mit rich-tigen Tischdecken auf den Tischen und einem kleinen hölzer-nen Dingens, das die Weingläser hält. Hier herrscht eine völlig andere Ruhe. Ich nehme an Tisch 12 Platz und bestelle eine halbe Flasche Weißwein aus dem Valais zum Menü, das feststeht, weil das Essen vorbestellt ist.

Zuerst ein frischer grüner Salat. Dann das Hauptgericht, *saltimbocca romana*, das ist Kalbfleisch, gebraten mit luftgetrocknetem Schinken und Salbei. Dazu Polenta, gedünsteter Spinat und eine kräftige, fast schwarze Soße. Und zum Schluss bekomme ich einen leuchtenden Aprikosenkuchen und sehr starken Kaffee.

Die Schweizer sind höflich. So höflich, dass der Kellner meinen Wein sowohl mir als auch dem wildfremden Mann mir gegenüber einschenkt. Aber damit ist das Eis dann auch gebrochen. Und während wir auf den höchsten Punkt der Reise zufahren, lerne ich Tsuyoshi Furukawa-san kennen. Er ist Fabrikarbeiter in einer Stadt südlich von Kyoto. In einer chemischen Fabrik überwacht er Maschinen, die Plastik produzieren.

Während des Essens wird die Landschaft, durch die wir fahren, immer weißer. Irgendwann fahren wir in einen Halbtunnel, der auf der linken Seite – zu dem tiefen Tal hin – mit Planken abgedeckt ist, die gegen Schneefall schützen sollen. Wir fahren lange im Dunkeln. Sehr lange. Wir essen, reden von schönen Orten in Europa und in Japan. Furukawa-san mag England und Okinawa besonders gern, aber die Schweiz liebt er von ganzem Herzen, weil er hier einmal Weihnachten gefeiert hat, und das muss sehr romantisch gewesen sein. Furukawa-san ist ledig.

Dann, urplötzlich, ist es da, wie ein Blitz kreideweißen grellen Lichtes aus einem satanischen Nachthimmel. Wir fahren nach langen Minuten in pechschwarzer Dunkelheit geradewegs in absolutes Weiß hinein. Die Menschen schreien auf und legen die Hände vor die Augen. Das Licht ist so gleißend, dass wir mehrere Minuten brauchen, ehe wir uns daran gewöhnt haben.

Kurz darauf erreichen wir den höchsten Punkt der Reise, den Oberalppass. Er liegt 2044 Meter über dem Meeresspiegel. Dann kommt ein weiterer Höhepunkt der Reise. Der etwas schroffe Kellner, der uns alle blitzschnell und servil unter den denkbar ungünstigsten Arbeitsbedingungen bedient hat, kommt mit einem Tablett voller kleiner Gläser.

»Grappa? Williams?«, leiert er die Namen herunter.

Ein Mann weiter hinten sagt, ja bitte, und unser Held in Hemd und Kragen schenkt das Getränk über einen Meter hin in einem dünnen Strahl ein, indem er die Flasche hoch über den Kopf hebt und wieder zum Glas hin senkt. Der Zug schlingert wie verrückt, die Tunnels mit ihrer unerwarteten rabenschwarzen Dunkelheit sind eine echte Herausforderung, aber er verschüttet keinen einzigen Tropfen. Und er fordert uns auf, ihn dabei zu fotografieren.

Der iPod spielt eine Dialektversion von »Son Of A Preacher Man«. Der Song heißt in seinem neuen Gewand »Där Sohn vom Pfarrär« und klingt irre komisch. Der Zug bleibt in einem Tal stehen, damit wir den Anblick der Berge und eines Bergdorfes genießen können – und natürlich diesen riesigen Gletscher ganz oben, an den man früher dicht heranfuhr und der dem Zug seinen dramatischen Namen gegeben hat. Heute ist die Bezeichnung »Glacier Express« eine sanfte Übertreibung, die alle nachsichtig akzeptieren.

Der intensive Kontakt mit der Landschaft auf dieser Fahrt ist überwältigend. Man wird förmlich eins mit ihr. Wäre da nicht das Fensterglas, könnte man den Bergen buchstäblich nahekommen. Man kann beinahe die Bäume riechen, die Kälte an der Wange spüren. Und am Bahnhof in der Ortschaft St. Nikolaus blicke ich direkt in das Gesicht eines Schafes, das mit einer Glocke um den Hals dort steht und grast. Über St. Nikolaus scheint die Sonne. Hier schaut der felsige Grund brutal aus dem Gras hervor. Dort steht ein Pferd, und mitten in der Wildnis hat jemand sorgfältig einen Stoß Brennholz gestapelt.

Aber jetzt ändert sich das Bild schon wieder. Wir passieren

die Schneegrenze. Da und dort liegt Schnee in kleinen Haufen. In meinem iPod singt ein leidender Schweizer namens Florian, dass er glaubt, ich habe Herzklopfen. Bald kommt mehr Schnee. Am Bahnhof Herbriggen warnt sogar ein Schild vor Lawinen! Um die Spitze der senkrechten Bergwand hinter dem Bahnhof zu sehen, muss ich den Kopf in den Nacken legen.

Kurz darauf fahren wir an einem gewaltigen Haufen Felsbrocken vorbei, so lang wie zwei bis drei Fußballfelder. Er liegt da wie an den Berg gelehnt. Es handelt sich um die Reste eines der größten Bergrutsche in der Schweiz. Im April und Mai 1991 begruben zehn Millionen Kubikmeter Felsbrocken, Steine und Geröll vierundzwanzig Gebäude, sieben Pferde und mehr als zwanzig Schafe unter sich. Das Gleis zwischen Zermatt und Brig musste um mehrere Hundert Meter verlegt werden, weil ein Stück der ursprünglichen Strecke unter dem herabgestürzten Berg begraben lag. Nachdem wir die Felsbrocken passiert haben, wird die Winterlandschaft noch intensiver. In enormer Höhe fahren wir jetzt zwischen zwei Gletschern hindurch.

Als wir den Ort Täsch erreichen, erwartet uns ein hübscher Anblick. Jedenfalls wenn man die Natur liebt. Hier liegt der größte der Parkplatz der Alpen. Von hier an und weiter hinauf ist nämlich jegliches Autofahren untersagt. Der Schnee draußen ist jetzt fünf Zentimeter hoch. Ich kann das sehen, weil entlang des Bahngleises ein einsamer Wanderer seine Fußabdrücke hinterlassen hat. Nur noch kurze Zeit, dann ist diese Reise zu Ende. Dann bin ich in Zermatt. Aber noch windet sich der rote Zug durch den Schnee, zwischen Bäumen hindurch, ganz friedlich, und Florian Ast & Kisha spielen ihre Superpunk-Alpenversion des Beatles-Klassikers: »Chumm gib mir dini Hand«.

Trains –
and boats
and planes ...

Bei dieser Fahrt öffnen sich gleichzeitig die Falltür zur Hölle und das Tor zum Himmel.

Am Freitagvormittag packe ich meinen großen Zugkoffer. Auf seiner Vorderseite prangen inzwischen die Aufkleber der vielen verschiedenen Orte, die ich schon besucht habe. Und dann heißt es einfach Abfahrt. Diese Tour habe ich noch nie gemacht. Ich bin – was das angeht – ein bisschen spät dazu gekommen. Aber einmal muss ja das erste Mal sein. Ich lege den Gang ein und lasse die Kupplung durchgetreten, während ich die Adresse in das GPS-System eingebe: Via Vincenzo d'Amato 4, Scala, Salerno, Italien.

Die beiden ersten Stunden durch Dänemark sind in mancherlei Hinsicht die schlimmsten. Als jemand, der viel reist, habe ich überall auf der Welt die unterschiedlichen Verkehrskulturen beobachtet. Unter den Autofahrern gibt es vier Typen: den lateinisch-katholischen und den protestantischen, den hinduistischen und den buddhistischen Typus. Und alle erzielen sie die gewünschte Wirkung: Der Verkehr, diese vielköpfige Hydra, muss funktionieren. Es geht um *locomotion*, etwas soll sich bewegen, etwas soll passieren, nun fahr doch endlich, verdammt, du Blödmann!

Das lateinisch-katholische Modell gründet auf erhöhter Aufmerksamkeit. Dabei heißt es: Alle gegen alle und jeder für sich. Alle Regeln gelten als freundliche Empfehlung. Wenn nun in dieser Einbahnstraße niemand sonst ist, dann muss der Verkehr doch nicht notwendigerweise in diese eine Richtung fließen, oder? Das lässt sich doch wohl verhandeln – mit sich selbst, oder? Aber zugleich kann dieses System nur funktionieren, wenn jeder bei seinen Mitmenschen stets mit dem Schlimmsten rechnet und dann in bestem katholischem Geiste stets aufs Neue überrascht wird von der göttlichen Gabe seiner Nächsten. Immer wieder erlebt man, dass Menschen anderen Platz machen, dass sie auf Fußgänger Rücksicht nehmen, dass sie einem die Fahrkarte ausstellen, obwohl man noch gar nicht an der Reihe war, aber man hat es doch offensichtlich eilig, und dann müssen Nummer eins, zwei, drei eben warten.

Das protestantische Modell findet man unter anderem in Deutschland. Mein Vetter wurde einmal angeblafft, weil er seine jüngste Tochter, ein winziges Baby, mit ins Hotelzimmer genommen hatte. Am nächsten Tag wies ihn eine deutsche Frau gründlichst zurecht: Das ist ein Zimmer für drei Personen, mein Herr! Ordnung muss sein. Deshalb halten sich die Deutschen an die Verkehrsregeln. Die linke Fahrbahn ist zum Überholen da und die rechte für die Ausländer, die sich noch nicht den neuesten Schrei der Bayerischen Motoren Werke kaufen konnten. Es heißt, die meisten Unfälle auf der Autobahn seien Auffahrunfälle auf der Überholspur. Die Idee war, dass man auf die rechte Spur wechselt, wenn einer von hinten kommt, der schneller ist als man selbst. So hatten es die Regeln einmal vorgesehen, und Regeln sind dazu da, eingehalten zu werden. Bei dem protestantischen Modell ist interessant, dass die Verkehrsteilnehmer sich an der Regel orientieren und nicht an realen Gegebenheiten. Und deshalb staunen die Deutschen, wenn das Vorgesehene nicht eintritt. Manchmal kommen sie allerdings nicht mal mehr zum Staunen. Dann nämlich, wenn die Realität ihnen zuvorgekommen ist. Es bleibt nur, bekümmert zur entgegenkommenden Fahrbahn zu schauen, zu dem orangefarbenen Hubschrauber mit den großen schwarzen Buchstaben an den Seiten, der geradezu

ALARM! herausschreit. Zu den Feuerwehrleuten mit diesen langen Lederstreifen hinten am Helm, damit ihnen keine Glut in den Nacken fallen kann. Respektvoll verringert man seine Geschwindigkeit. Zählt fünf Krankenwagen, drei große Feuerwehrfahrzeuge, zwei Streifenwagen und schließlich den Rettungshubschrauber. Und dann sieht man sie plötzlich, die beiden Autos. Und den Mann mit dem Schneidbrenner, der sich den Schweiß von der Stirn wischt, während er auf das Auto deutet, dessen gesamtes Oberteil abgetrennt ist und in dessen Türen sozusagen neue kleine Türen geschnitten sind. Als man an dem blauen Schild vorbeifährt, das die Abfahrt nach Göttingen anzeigt, sieht man im Rückspiegel eine Rauchsäule aufsteigen. Und plötzlich fällt einem ein, dass die meisten Menschen auf der Welt immer noch glauben, dass es einen Gott gibt. Aber was zum Teufel hat er denn in diesem Moment gemacht? Deutscher Verkehr ist wie ein Atomkraftwerk. Wenn es gut geht, wenn alles glattläuft, dann fließt der Verkehr besser, schneller, effektiver als irgendwo sonst auf der Welt. Wenn es schiefgeht, dann ist aber auch Schluss, dann ist es aus und vorbei. Genau so funktioniert das gesamte deutsche Verkehrswesen auch sonst. Die Fußgänger warten artig bei Rot und stürzen dann über die Straße, sodass sie wieder leer gefegt ist, wenn die Autos bei Grün durchstarten. Der Zug, der einen nach Paris bringen soll, wo die Geschichte der lateinischen Welt anfängt, fährt rechtzeitig ab, und der dicke Bahnbeamte in seiner blauen Uniform spricht schnell, präzise, höflich. Bitte! Und gute Fahrt, Herr Jensen. Man kann das Prinzip förmlich hören. Tempo! Verkehr muss funktionieren, muss abgewickelt werden.

Muss er das? Mancherorts wirkt es eher so, als sollte er eingewickelt werden. Kairo fehlt mir noch, aber ich bin in Neapel gewesen, und ich habe mich in den Verkehr hinausbegeben, habe unter Einsatz meines Lebens die Straßen überquert. Und noch schlimmer war es in Neu Delhi. Dabei hatte ich meine erste Bekanntschaft mit hinduistischer Verkehrskultur sogar in Kopenhagen. Ich war gerade aus der Provinz dorthin umgezogen. Nach einem Wochenendbesuch auf dem Land hatte ich so viel Gepäck, dass ich beschloss, ein Taxi zu nehmen. Den Chauffeur mit der curryfarben schimmernden Haut und dem langen spitzen Bart umwehte der wunderbare Duft einer der weltbesten Küchen. Er lächelte mit sanftem Gleichmut, als er mein Gepäck in den Kofferraum warf. Dann fuhr er mich nach Christianshavn. Interessant war nicht das Tempo, denn er fuhr die ganze Zeit etwa fünfzig Stundenkilometer. Interessant war, dass er das Tempo beibehielt. Ob sich Leute vor dem Auto befanden oder nicht, er fuhr. Ob eine Schlange vor uns auftauchte oder nicht, er fuhr. Ob es Rot war oder nicht, er fuhr. Und zwar mit fünfzig Stundenkilometern, fahren-fahren-fahren. Wenn etwas im Weg stand, fuhr er außen herum. Ob auf den Bürgersteig oder auf die Gegenfahrbahn, er fuhr. War die Straße völlig verstopft, dann lag er auf der Hupe. Ich dachte, der Mann muss verrückt sein. Aber als ich dann eines Tages in Neu Delhi in einem Auto saß, entdeckte ich, dass dort *alle* so fahren – wenn sie Inder sind. In Neu Delhi sah ich zum ersten Mal, wie alle Logik auf den Kopf gestellt werden kann. Auf Neu Delhis Straßen hat niemand abends Licht eingeschaltet – weder Dreirad-Rikschas noch Fahrräder, Motorräder, Kamele oder Pferde … niemand. Und die Aufklärungskampagnen in meiner Kindheit, jeder müsse in der Winterdunkelheit stets so ein reflektierendes Teil tragen, das hinten am Mantel baumelt, die wirken demgegenüber, ehrlich gesagt, wie eine Verhätschelung. Die Nacht in Neu Delhi ist pechschwarz. Und nur eine Faust, die das T-Shirt des kleinen Jungen im Nacken packt, als er sich auf den Weg vor unser Auto macht, rettet ihn vor dem lauten metallischen Schlag und dem Tod. Amüsant ist natürlich die Reaktion mancher Autofahrer. Wenn es dunkel ist und keiner der weichen Verkehrsteilnehmer Licht eingeschaltet hat, kann man sie ja nicht richtig sehen. Auch dann nicht, wenn man selbst mit Licht fährt. Na, dann schaltet man doch einfach das Fernlicht ein! Neu Delhis Verkehr ist ein Wirrwarr aus totaler Dunkelheit und geblendeten Augen, aus Staub im Mund und feuchten Handflächen, aus Adrenalin und freundlichem, fast wie gedopt wirkendem Hindu-Lächeln.

Aber alle Verkehrskulturen haben ein Plus. In Indien ist es der *flow*, der den Besucher beeindruckt. Alles ist Chaos, aber man kommt schnell voran, weil die Menschen es verstehen, sich zu mischen, sich Platz zu machen und zu puffen und zu knuffen und zu schieben und zu schubsen und weiterzuwinken und rauszulassen. Es ist nicht dasselbe Tempo wie in Italien oder Deutschland. Aber im Verkehr dort bewegen sich etwa zehnmal so viele Menschen, und es geht trotzdem. Man gibt nach: Wir finden einen Ausweg, kein Grund, die Augen gen Himmel zu verdrehen, denn dort im Himmel ist eh alles vorherbestimmt. Du bist auf der Ebene geboren, auf der du dich befindest. Es liegt an dir, dich zu bemühen, dass es besser wird. Und alle haben dafür zumindest die Chance. Anders ausgedrückt: Lächle – während du deinen verbeulten Laster rückwärts vor alle anderen Autos hinausfährst, quer über beide Fahrtrichtungen auf einem sechsspurigen Boulevard.

Alles ist Chaos, alles ist Ordnung, alles ist göttliche Fügung. Gibt es andere Möglichkeiten? Ja. Die Möglichkeit rationaler Aufmerksamkeit. Professionalisierter Empathie. In Japan wird jeder Konflikt im Verkehr so gelöst, dass man sich vorstellt, man selbst sei in der Situation des anderen. Er will gern aus einer Parklücke ausscheren? Alle halten an und: Bitteschön! Er will vor einem Auto auf dessen Spur einbiegen? Die ganze Reihe fährt langsamer. Japanische Autofahrer verbeugen sich mit dem Oberkörper, die knallen sozusagen den Kopf auf die Hupe, wenn sie im Verkehr einen Fehler machen. Dort wird die ganze Zeit gegrüßt und gewunken, und man bedankt sich höflich, indem man zweimal mit der Warnanlage blinkt. Die unbehaglichsten Autofahrertypen haben versteinerte Gesichter, das soll angeblich *tough* aussehen. Das sind die mit Elvis-Frisur und farbenfrohen, rundherum verbeulten Autos, mit blinkender bunter Ausstattung. Man nennt sie abfällig Yankees, eine Bezeichnung, die vermutlich aus der Zeit des Krieges stammt. Das ist in Japan das Schlimmste, was man sein kann. Yankees sind vulgär. Sie stechen hervor. Aber sie sind auch noch etwas anderes. Im Verkehr sind sie nämlich rücksichtsvoll, hilfsbereit und respektvoll. Das scheint ein Paradox zu sein. Die übelsten Verkehrsteilnehmer Japans verhalten sich hinter dem Steuer zehnmal besser als der durchschnittliche junge Mann aus Jütland. Das folgende Erlebnis veranschaulicht die japanische Verkehrskultur aufs Beste. Als ich einmal als Beifahrer in Tokio unterwegs war, sah ich plötzlich einen Wagen des japanischen Abschleppdienstes, der langsam auf der Notspur fuhr. Ich fragte die Fahrerin: Was macht der da? Vielleicht gab es einen Unfall, antwortete sie. Ich fragte sie: Warum fährt er so langsam? Weil er vielleicht nach einem Unfall sucht, bekam ich zur Antwort. Manchmal passieren Unfälle, und dann sind sie zur Stelle, um die Autos wegzubringen, sodass der Verkehr ungehindert fließen kann.

In Japan muss man also nicht nach dem Rettungs- oder Abschleppwagen telefonieren. Die finden dich nämlich, ehe du noch Gelegenheit hattest, anzurufen. Auf dem Weg durch Tokio sahen wir bestimmt zehn Rettungs- beziehungsweise Abschleppwagen, die im Pendelverkehr die Autobahn entlangfuhren. Bei Problemen mit dem Motor oder was auch immer fährt man einfach auf die Standspur, und binnen kurzem kommt ein Wagen, der weiterhelfen kann.

Und Dänemark? Wo liegen wir auf der Verkehrslandkarte? Wir liegen Richtung Deutschland. Wir haben in dem Sinn etwas Deutsches, dass wir ebenfalls auf den Regeln oder zumindest auf unserem Recht bestehen. Nur fehlt uns dabei vollkommen die Fähigkeit der Deutschen, den Verkehr trotzdem am Fließen zu halten. Es lässt sich einfach umschreiben: Wir Dänen benutzen auf der Autobahn beide Spuren, um in unserer eigenen Geschwindigkeit zu fahren, so ähnlich wie die Italiener. Aber während man in Italien das Chaos kompensiert, indem man auf der Innenspur, auf der Standspur oder wo immer man eine Lücke findet, an den anderen vorbeibrettert, da bestehen wir Dänen auf den Regeln, dass niemand drängeln oder einen anblinken darf oder einen – wie bei den Schweden der Fall – einfach um die Erlaubnis zum Überholen bitten kann, indem er oder sie nach links blinkt.

Puh! Was für eine Tour.

Ich lege den Rückwärtsgang ein und parke so dicht an der Klippe, wie es geht. Klappe den Außenspiegel um, damit ihn nicht irgend so ein Mario abfahren kann.

Ich seufze laut auf. Hinter mir liegen 2400 Kilometer, und ich habe so viel Adrenalin im Blut, dass ich tagelang joggen muss, um das alles abzubauen. Bei Regen bin ich durch Hamburgs Hansestimmung gefahren. Weiter durch Deutschlands fruchtbare Mitte mit ihren Wäldern und Mittelgebirgen. Über die Grenze nach Bayern, wo ich rein zufällig in einer Brauerei übernachtete, zu der ein kleines Hotel mit Gaststätte gehört. Am nächsten Morgen durch das katholische Süddeutschland, wo es Straßenschilder gibt, auf denen die Zeiten der Gottesdienste zu lesen sind. Unbeschwert, fast genießerisch glitt ich durch Österreichs Täler und weiter über den Brennerpass, während ich Wiener Waffeln aß und wunderbaren Milchkaffee aus einem eleganten Plastikbecher trank – zu den Klängen des sanften Techno, für den Österreich in den Neunzigern berühmt war. Dann weiter durch Südtirol und hinaus in die Po-Ebene, wo der Tacho die 150 anzeigte, während ein Countertenor Vivaldis allerhöchstes C traf. Abends um zehn gab ich auf und stellte den GPS in Richtung Florenz ein. Wenn man das tut, hatte ich entdeckt, landet man direkt in der Stadtmitte. Als ich beim Ponte Vecchio anhielt, sagte die Damenstimme des Computers: »Noch einhundert Meter – Sie sind am Ziel.«

Pasta mit Wildschwein. In ein Hotel, am nächsten Morgen hinaus und einige der weltbesten Kuchen kaufen. Dann weiter über die Hügel bis Montepulciano, um Brunello zu besorgen und mittags in einem bunten Familienrestaurant mit harten Holzstühlen und ungehobelter Bedienung zu essen. Wieder im Auto, südwärts durch die Toskana und durch Umbrien. Gucci-Sonnenbrille auf der Nase, Eros Ramazotti im Lautsprecher und dazu diese kleine Espressotasse, die im Tassenhalter des Wagens fast verschwindet. Ich brause am *Roma-Centro*-Schild vorbei. Immer weiter südwärts, südwärts nach Neapel. Bei Cassino schießt der knallrote Ferrari mit einem Sirren wie eine Wespe an mir vorbei.

Als ich zum allersüdlichsten Teil Italiens abbiege, zur Autobahn A3 in Richtung Salerno und Bari, sind auf einmal sämtliche Autos staubig. Und plötzlich fahren alle eindeutig wie die Verrückten. Nur die allerneuesten Modelle haben keine Beulen, Stoßstangen sind notdürftig mit Klebeband festgemacht, Karosserien haben seitlich lange weiße Kratzer im Lack. Ich fahre mit einer Hand am Lenkrad, mit der anderen beschirme ich die Augen, als ich nach der *autostrada* meinen Weg durch ein Provinznest finden muss. Noch nie habe ich einen so gewagten Verkehr erlebt — wenn man von gewissen Stellen an der Nørrebrogade absieht, dort, wo der Basar endgültig bis auf die Straße fließt. An der Küste von Amalfi fahre ich auf gewundenen Bergstraßen durch Haarnadelkurven, und ich werde immer wieder daran erinnert, dass das Leben nur sehr kurz und die Distanz zwischen der Leitplanke und dem rauschenden azurblauen Mittelmeer tief unten erheblich ist.

Ich schleppe den Koffer und die Kuchen nach drinnen zu den anderen, die mit dem Essen auf mich warten. Jetzt bekomme ich eine ordentliche Portion Pasta mit Pesto und werde nachts in San Cataldos stiller Klosterzelle gut schlafen, und dann werde ich loslegen und über eine der Segnungen auf dieser Welt schreiben: mit dem Zug zu reisen nämlich. Ich beschließe, dass ein kleiner Essay dazukommen soll, der von etwas ganz anderem handelt als vom Zugfahren. Denn zu meinen »Zugreisen« gehörten doch auch Flugzeug, Bus, Flussdampfer, Taxi, Privatchauffeur, Metro, Doppeldecker und Wege zu Fuß. Reisen ist immer auch noch etwas anderes, als in einem Abteil zu sitzen und sich mit einer Tasse Kaffee zu vergnügen.

Erst am nächsten Tag fällt mir auf, wie wenig mir zu dem Buch noch fehlt. Und mir wird bewusst: Wenn ich nun einfach den Zug bis hierher genommen hätte – via Hamburg und München und Neapel im Schlafwagen –, dann hätte ich im Grunde, durch Europa bummelnd, das Ganze schon unterwegs schreiben können und hätte in den beiden Wochen, die ich hier sein werde, freigehabt.

Kokazeit

Gleite, noch verschlafen, durch Cusco. An einem Stadtbild vorbei, das von der Farbskala Perus geprägt ist: Lehm, Ocker, Rosa. An einem kleinen Flussbett voller Abfall vorbei. An vier wilden Hunden vorbei. An einer langen Treppe mit einer jungen Frau in der traditionellen Tracht – Herrenhut, Strickjacke und roter Rock – vorbei. An einem einsamen Kaktus vorbei. Wieder an der Stadt Cusco vorbei – denn plötzlich fahren wir rückwärts. Der Schaffner erklärt über Lautsprecher, wir führen »auf erfindungsreiche Weise« einen Berg hinauf. »Nutzen Sie die Gelegenheit und genießen Sie die Aussicht über die historische Stadt Cusco, während der Zug seine Richtung ändert.«

Cusco ist in der Form eines Pumas angelegt. Der Puma war den Inkas, wie auch Kondor und Schlange, heilig. Mit etwas Phantasie erkennt man in Machu Picchu die Form eines Kondors. Und ganz richtig – jetzt fahren wir wieder vorwärts, aber genau eine Terrasse oberhalb des Gleises, auf dem wir gerade eben gefahren sind. Das ist eine Art Serpentine für Züge. Beeindruckt lächeln sich die Menschen zu. Nachdem wir uns eine Weile im Zickzack nach oben bewegt haben, sind wir auf einer Höhe mit der Sonne. Also dort, wo sie gerade aufgeht. Wenn man Machu Picchu besuchen will, muss man früh los. Es ist jetzt erst sechs Uhr.

Machu Picchu ist die riesengroße Ruine einer Inkastadt, einst Hauptsitz der großen Inka. In der Schule haben wir in Geographie Peru und die Inkazeit durchgenommen. Ich erin-

nere mich, dass im Inkareich Läufer in einem schier unendlichen Staffellauf Botschaften von einem Ende des Landes zum
anderen brachten. Jetzt werde ich also das Innerste des Inka-
reiches besuchen. Den Ort, wo Hohepriester mit bloßer Faust
jungen Mädchen das Herz aus der Brust rissen, wenn sie es
ihren Göttern opferten.

Dante, mein treuer Guide, hat mich an diesem lauen
Morgen direkt vor dem dreckigen Bahnhof abgesetzt, wo die
schreienden indianischen Straßenhändler gewebte Wasser-
flaschenbehälter verkauften und Snickers, die mit Sicherheit
schon halb geschmolzen waren.

Dann bimmelte die Glocke, aus dem Lautsprecher krächzte
etwas Spanisches, die Türen schlugen mit metallischem Kli-
cken zu, wie es die Züge in Dänemark taten, als ich Kind war.
Die Eisenbahngesellschaft, mit der ich fahre, heißt PeruRail.
Die Wagen sind grellblau mit gelben Streifen und gelber
Schrift. Ich sitze in *coche C* auf Platz Nummer 29. Mein Platz
ist ein *ventana*, ein Fensterplatz.

Mit im Abteil sitzen Menschen aus der ganzen Welt. Viele
aus Peru. Viele aus den USA. Viele von überall her. Der Mann
neben mir, auf der anderen Seite des Gangs, wirkt sauer. Er
könnte Schwede sein. Ich muss an das Schild denken, das über
der Bar eines Restaurants hing, wo ich gestern *hamburgesa con
patatas fritas* aß: »Willkommen allen Touristen. Aus Peru. Aus
anderen Ländern. Aus dem äußeren Raum.«

Die Peruaner sind ein sehr freundliches Volk.

Bald sind wir hoch oben. In Cusco sind wir auf etwa 3400
Metern Höhe losgefahren, aber wir müssen noch weiter hinauf, über einen Pass, ehe es wieder auf 2400 Meter abwärts-
geht, auf die Höhe von Machu Picchu. Wir fahren an kleinen
Gärten mit rosa Rosen vorbei. Vorbei an Wellblechhütten und
an Hunden und noch mehr Hunden, Hunden überall. Vorbei
an einem Schulmädchen in karierter Strickjacke, dickem Rock,
mit nachdenklichem Blick. Vorbei an Hunderten schmaler Fuß-

wege über Böschungen mit hohem Gras. Vorbei an drei Jungen, die fröstelnd dasitzen und die Sweatshirts vor den Mund gezogen haben. Vorbei an einem vollkommen verbeulten Coca-Cola-Schild, das ich mit einem Mal ganz anders wahrnehme, weil ich gestern auf dem Markt säckeweise Kokablätter gesehen habe und mir einfällt, dass Coca-Cola früher mal richtiges Kokain enthielt.

Die Kokablätter. Beim ersten Mal bin ich etwas ängstlich. Kokablätter. Sie haben etwas Respekteinflößendes. Klein und grün, ähneln sie den Blättern der Ligusterhecke. Oder japanischen Teeblättern. Aber Koka ist keine Hecke. Koka ist in Peru Geschäft, *serious business*. Auf 46 700 Hektar Land werden Kokapflanzen angebaut. Das ist genug Koka für 150 Tonnen Kokain. Aber die meisten Blätter werden für Tee benutzt. Oder zum Kauen. In meinem Reiseführer las ich, dass man nach dem Konsum bei einer Urinprobe bis zu dreißig Tage lang einem echten Kokain-*user* gleichen würde. Trotzdem folge ich dem Rat des Portiers. Der Betonung nach zu urteilen, ist es fast ein Befehl, den ich an der Rezeption meines Hotels im Viertel San Blas im Zentrum von Cusco bekomme.

»Sie sind nun ordnungsgemäß eingecheckt, Herr. Und jetzt gehen Sie auf Ihr Zimmer und legen sich für mindestens zwei Stunden auf Ihr Bett. Wenn Sie wollen, können Sie eine Tasse Koka-Tee bekommen, ehe Sie auf Ihr Zimmer gehen. Das würde ich Ihnen sehr empfehlen.«

Er versucht mich von der Höhenkrankheit zu erlösen. Noch kann ich nichts merken, aber das kochende Wasser, in dem die grünen Kokablätter schwimmen, tut schon gut. Außerdem schmeckt mir der Rohrzucker darin. Dass ich mich 3400 Meter über dem Meeresspiegel befinde, müsste ich doch merken, oder? Die Höhenkrankheit äußert sich in Übelkeit und Erbrechen, im schlimmsten Fall in weiteren Komplikationen: Wasser in der Lunge. Das Gehirn kann so gewaltig anschwellen, dass es nicht mehr in den Schädel passt. Beides kann tödlich enden. Ich habe noch nichts gemerkt – abgesehen von einem Gefühl, als fehlte mir jeder dritte Atemzug.

Erst als ich meinen schweren Stahlkoffer die Treppe hinaufschleppe, kommt es. Schon nach zehn Stufen muss ich anhalten, keuchend und stöhnend wie nach einem Fünfzigmeterlauf. Ungläubig sehe ich über die Schulter. Der Portier lächelt nur und nickt mir zu. Ich lege mich aufs Bett und ruhe mich aus. Später, als ich in die Stadt gehe, um mir Originalmusik aus den Anden zu kaufen – in einer kleinen Buchhandlung erstehe ich »The Best of Juanitos, Tobas and Tinkus« –, muss ich alle vierzig Schritt stehen bleiben und verschnaufen. Mit einer Hand stütze ich mich in der Straße Hatunrumiyoc an der alten Inka-Mauer ab, wo sich hinter amerikanischen Touristen eine der ganz besonderen Sehenswürdigkeiten der Stadt versteckt, ein Stein mit zwölf Ecken.

Wenn man aus dem Zugfenster sieht, meint man, das Land brauche den Rausch gar nicht. Peru *ist* ein Rausch. Peru ist voller heiterer Farben, voll roter Kleidung, pinkfarbener Häuser, orangefarbener Graffiti, minzgrüner Fußballshorts. Eben raste zum Beispiel ein Mann in melonenfarbener Jacke und dunkelgrüner Schirmmütze mit einer großen Ladung Holz vorn auf einem kobaltblauen Fahrrad eine Schotterstraße hinunter.

Es geht immer weiter hinauf. Jetzt liegt Raureif auf dem Gras. Wir fahren an einem großen Reklameschild für Inca Cola vorbei – das meistverkaufte Erfrischungsgetränk in Peru. Als unser Zug am Bahnhof von El Arco hält, passieren wir den *Hiram Bingham*. Der sonderbare Name steht in Goldbuchstaben auf der Seite des alten Pullmanzugwagens. Hiram Bingham ist die Superluxusausgabe unseres Zuges. Im Grunde ist die Fahrt die Anden hinauf und hinunter fast ein einziges langes Gourmet-Essen. Der schön restaurierte Zug aus den zwanziger Jahren gehört der Firma, die den exklusiven Simplon-Venedig Orient-Express betreibt. Sie haben ihn nach dem amerikanischen Historiker benannt, der 1911 das völlig in Vergessenheit geratende Machu Picchu wiederentdeckte. Hiram Bingham wurde schlagartig weltberühmt, weil *National Geographic* die erste Sondernummer überhaupt ausschließlich aus dem sehr persönlichen Text Binghams und seinen Schwarz-Weiß-Fotos zusammenstellte.

»Ikskjusmi«, sagt ein kurzhaariger Indio in Jeansjacke, als er sich plötzlich über mich lehnt. Sein Job besteht darin, die beschlagenen Scheiben abzuwischen. Luxus ist vieles.

Für den Reisenden sind die Anden ein meteorologisches Dilemma. Im Augenblick friere ich, weil ich nur einen Pulli trage, aber ich weiß, dass es in Machu Picchu knallheiß wird, und ich habe keine Lust, drei Stunden lang eine Jacke auf einer Hochebene herumzuschleppen.

Ich gehe auf die Toilette. Sie ist groß, sauber und schön. Als ich zurückkomme, fahren wir gerade durch Wolken, die niedrig über den Kühen, den drei spielenden Kindern und einer Frau mit vier schwarzen Schweinen an der Leine hängen. Ich kann mich gerade noch hinsetzen, ehe das Frühstück kommt.

Während meines zweiten Frühstücks habe ich Ausblicke auf vieles, das ich noch nie gesehen habe. Zwei Kühe, die auf einem Fußballplatz den Strafraum auffressen. Ein Puch-Moped mit vier Gängen, zusammenmontiert mit einem Pritschenwagen. Eine Riesenladung Mais, die vermeintlich ohne Träger daherwatschelt — von ihm sind nur die beiden Füße auf dem staubigen Weg zu sehen.

Als ich meinen iPod einschalte, spielt er »Valentin« mit Susana Baca. Mein Freund Ole sagt, sie sei in Peru ganz groß. Sie hat eine phantastische Stimme. Die Musik ist eine Fusion aus traditioneller Andenmusik und modernen Tönen. Die Innigkeit ist allumfassend, uralt.

Jetzt teilt die hübsche Zugbegleiterin eine kleine Gratiszeitung aus. *Cuzco Journal* heißt sie. Im Englischen wird die Stadt mit z geschrieben. Der Hauptartikel trägt die Überschrift: »Versuch mal, unsere Lamas zu sehen!« Ich sah in der Stadt ein Lama – oder ein *Jama*, wie es die Einheimischen aussprechen. Das stand einfach da und glotzte mich an, als hätte es noch nie einen Dänen gesehen.

Jetzt fahren wir durch eine Felsschlucht. Es ist rau hier, und insgesamt macht sich ein Gefühl von Isolation breit, während ich mich immer weiter einer der edelsten Zivilisationen nähere, die je existierten – bis der idiotische weiße Mann auftauchte. Na ja – so einfach ist es vielleicht doch nicht. Aber wenn man zuhört, wie Paul Simon seine Version von »El Cóndor Pasa« singt – die mit seinem eigenen Text: »Ich will lieber ein Hammer als ein Nagel sein« –, dann wirkt es schon so, als sei ein wunderschöner Vogel kurz und klein geschlagen worden. Andererseits hat Paul Simon mehr als jeder andere in den USA und in Europa das Interesse für peruanische Musik geweckt. So gesehen ist es wichtig, nachzudenken. Gerade hat man noch politisch korrekt behauptet, dass man in den Anden zu schlichtweg allem kulturimperialistische Pommes frites bekommt, da fällt einem ein, woher die Kartoffel eigentlich kommt – aus Peru.

Wie lange sind wir wohl durch diese Schlucht gefahren, als uns die Sonne urplötzlich trifft? Der Zug schlängelt sich durch eine Felsenlandschaft ganz in Ocker. Draußen ziehen Vater und Sohn ihr Pferd einen steilen Berghang hinauf. Sie sind seit einer halben Stunde die ersten Menschen, die wir sehen. Auf dem Pferderücken liegen unter der Ladung gewebte Decken. Plötzlich stehen da fünf Lamas und glotzen den blauen Zug an. Hoch über ihnen sitzt ein kleiner Hütejunge in giftgrüner Nylonjacke und dem traditionellen Hut. Er scheint sich zu langweilen.

Die Berge und der Urubamba-Fluss sind respekteinflößend. Als ich heute Morgen abgeholt wurde, sagte Dante, seine Muttersprache sei das indianische Quechua.

»Viele Wörter haben mit ›Berg‹ zu tun. In der Inkazeit bedeuteten die Berge viel. Sogar richtig viel. Heute bedeuten uns die Berge auch etwas. Sogar richtig viel.«

Jetzt halten wir. Neben dem Zug liegt ein Hund. Er ist auf einem milchweißen Auge blind. Wir warten auf einen entgegenkommenden Zug, den wir vorbeilassen müssen. Ein indianischer Mann in rotem Trainingsanzug steht neben unserem Fenster. Er streckt seine Hände vor, sodass wir sie sehen können. Er hat alles in allem noch einen Finger. Der Anblick, wie er dort steht und bettelnd die Stumpen aneinanderschlägt, das ist sehr bewegend. Als wir wieder losfahren, hat er vom Zugpersonal eine Tüte mit Brotresten bekommen. Sonst nichts.

Man gewöhnt sich erstaunlich schnell an die Berge. Wenn man nach oben schaut, sieht man, dass es bis zum Gipfel noch etwa einen Kilometer weit ist.

Nach einem Snickers und einer Sprite – es gab kein Cola Real mehr – taucht die erste Ruine auf. Sie erstreckt sich über einen Hang. Ein Mann mit einer riesigen Kamera gerät ganz außer sich und knipst wie ein Verrückter, während sein privater Guide von Lima Tours neben ihm steht und erzählt.

Wir fahren an einem Damm vorbei, wo der Name Machu Picchu zum ersten Mal auf einem Schild erscheint. In der nächsten Sekunde ertönt die Ansage: Bahnhof Aguas Calientes. Wir sollen daran denken, dass die Rückfahrt Punkt 15.30 Uhr beginnt.

Es ist 15.32 Uhr. Draußen sind es 30 Grad.

Noch nie waren meine Arme so rot. Während ich hier einfach im Zug sitze und wie die anderen sonnenverbrannten Touristen stöhne, ruft die Zugbegleiterin, dass Rauchen noch immer verboten ist, dass man die Toilette nur benutzen darf, wenn der Zug fährt, und dass es verboten ist, die Hände oder den Kopf aus dem Fenster zu strecken.

Der Typ schräg vor mir liest in einem Buch, es heißt *Open*

Views of Latin America. Die Dame, die meine Fahrkarte kontrolliert, trägt auf der Brust ein kleines Messingschild, auf dem Paola Vargas N. steht. Sie hat also denselben Mittelnamen wie der berühmteste Schriftsteller Perus. Gestern kaufte ich ein Buch mit Essays von Mario Vargas Llosa. Beim Lesen fiel mir eine schöne Stelle auf, die meine Situation bemerkenswert genau beschreibt:

»Genau das ist es – Sklaverei. Der Zustand eines Autors ist merkwürdig und paradox. Sein Privileg ist Freiheit, ist das Recht, alles zu sehen, zu hören und zu untersuchen … Aber worin besteht der Zweck dieses Privilegs? Dass ihm das gierige innere Raubtier aus der Hand fressen darf. Eine Bestie, die ihn versklavt hat, die von allen seinen Handlungen lebt, die ihn gnadenlos quält und die nur kurz in den Momenten innehält, wenn er sein Werk schafft.«

In diesem Buch findet sich ein Abriss über die Terrororganisation, die Peru in den achtziger Jahren als ein Land berüchtigt machte, in dem man für nichts und wieder nichts einfach aus dem Weg geräumt wurde. Das Ganze begann im Mai 1980.

»In diesem Jahr trat *Sendero Luminoso* erstmals mit terroristischen Anschlägen in Erscheinung. Ein Universitätsdozent der Philosophie namens Abimel Guzmán hatte die Guerillabewegung »Der leuchtende Pfad« gegründet. Im Lauf weniger Jahre hatte diese ultragewalttätige Gruppe – deren Schriften von einer notwendigen »Quote« des Blutvergießens pro Guerillasoldat sprach – Stützpunkte in den zentralen Teilen der südlichen Anden und in den Slumvierteln von Ayacucho, Huancayo und Lima gegründet. Es war der Beginn eines Jahrzehnts, das als *manchay tiempo*, die Zeit der Angst, Berühmtheit erlangte.«

Der »Leuchtende Pfad« wurde endgültig berühmt, als die Dorfbewohner von Uchuraccay 1983 acht Journalisten und ihren Führer umbrachten. Daraufhin setzte der Staat eine Kommission ein, die diese Morde untersuchen sollte. Mario Vargas

Llosa gehörte dieser Kommission an. Für ihn war Schriftstellersein immer eng mit öffentlichen Diskussionen und politischer Stellungnahme verknüpft. Tatsächlich ließ er sich Ende der achtziger Jahre als Präsidentschaftskandidat in Peru aufstellen, aber die Träume der Fiktion verloren gegen die korrupte Wirklichkeit. Vielleicht gibt es in den Ländern, die so viel Drogen produzieren, immer Korruption? Vielleicht gibt es immer Drogen in den Ländern, die so viel Korruption haben?

Heute Morgen saß ein Mann auf der anderen Seite des Ganges, der verdrießlich wirkte. Auf dem Heimweg sitzt er schräg gegenüber auf Platz 20 *ventana*, während ich auf 19 *pasillo* – dem Platz am Gang –, sitze, und er erweist sich als sehr nett.

Während ich auf der Toilette bin, beginnt die Musik. Auf der ganzen Rückfahrt wird Stimmungsmusik gespielt – alles von Jazz über Panflöte bis Supermarktmuzak.

Auch wenn ein helles südamerikanisches Bier jetzt willkommen gewesen wäre, wollen wir alle doch etwas ganz anderes von Paola. Wir wollen Wasser! Vor jeden Sitz klemmt in dem kleinen Netz eine Flasche San Antonio, 720 ml, *sin gas*.

Das Wasser bringt mir die drei Stunden mit Graciela zurück. Ich sehe sie wieder vor mir, wenn ich, das Kinn auf die Hand gestützt, zurückdenke. Derweilen kann ich die Hitze auf dem Gipfel des Berges geradezu spüren. Die nur anderthalb Meter große, vierschrötige Indianerin, die in Machu Picchu mein privater Guide ist, steht in Großwildjägerpose oben auf einem Granitblock, während sie erzählt.

»Peruanische Hydraulik-Ingenieure haben berechnet, dass es hier Wasser für dreihundert Einwohner gab. Kleine Stufen in den sorgfältig gemauerten Wasserkanälen sorgen dafür, dass sich Unreinheiten ablagern. So wird das Wasser nach unten hin immer reiner. Auf diese Weise konnten die Inka am Fuß des Berges ganz reines Trinkwasser entnehmen. Okay? Verstehst du? Gut. Dann komm mit. Wir müssen nach oben.«

So vergingen drei phantastische Stunden in der Mittagsglut. Ohne Wasser. Mit Aussicht über die unendlich vielen Terrassen. Mit Aussicht auf den Huayna Picchu. Machu Picchu bedeutet »Der alte Berg« und Huayna Picchu »Der junge Berg«. Es gibt außerordentlich komplizierte Untersuchungen darüber, wie die Astronomen der Inka Tagundnachtgleiche im Frühjahr und Herbst ausrechnen konnten. Es gelang ihnen, indem sie dem Wandern der Schatten über das exakt angelegte Mauerwerk von Machu Picchu folgten. Von ihrem Abstraktionsniveau bin ich wie berauscht. Türen, Fenster und Gebäude waren wie ein Parallelogramm geformt, mit dem Zweck, die guten Energien aufwärtszuleiten, hinauf zu den Göttern.

Graciela bleibt irgendwann stehen und sagt: »*Coca time!*« Ihre kurze Einführung zu den Blättern ist routiniert. Man soll immer genau drei kauen, und man kann sie den ganzen Tag lang kauen. So verliert man jegliche Lust auf Essen und Schlaf, sogar darauf, abzuschalten. Das ist echt smart! Sie reicht mir drei Blätter und sagt, ich solle sie in den Mund stecken und kauen. Der Geschmack ist vegetabil, er füllt meinen Mund für die nächsten zwanzig Minuten aus, und ein ganz eigenes Gefühl sanfter, aber völliger Zufriedenheit stellt sich ein, das ich sonst nur von den Augenblicken her kenne, wenn man an einem Wintertag eine Tasse wirklich ersehnten Kaffees bekommt. Sie lacht mich aus. »*You spit like a lama!*« Kurz darauf weist sie zu dem Tal, das mehr als 600 Meter unter mir liegt, deutet auf eine kleine Hütte und sagt, dort lebten die Nachkommen jener Bauernfamilie, die Hiram Bingham den Weg nach Machu Picchu zeigten – und dass es deshalb vielleicht doch unaufrichtig sei, wenn die Geschichtsbücher behaupten, *er* sei es gewesen, der den vierhundert Jahre vergessenen Berggipfel wiederentdeckt habe.

Der Schotte – er ist kein Schwede – und ich halten vom Fenster aus nach einem Kondor Ausschau. Ohne Glück. Er ist wegen einer Konferenz zum *Fair Trade* in Peru. Durch Ausgleichen der Preisschwankungen für landwirtschaftliche Produkte – Zucker, Kaffee, Pecannüsse – kann man den Bauern helfen, für ihre Arbeit etwas mehr Geld zu erwirtschaften.

Die Berge um uns herum sind schöner geworden. Ihre Schönheit scheint zu wachsen, wenn man ihre gewaltige Größe mit den Berichten über das weise Leben der Inka in Verbindung bringt. Im Inkareich gab es ein Gesetz, nach dem aus allen Dörfern in allen Teilen des gewaltigen Reiches die klügsten, vernünftigsten, gelehrtesten, tüchtigsten Handwerker, die besten Ärzte ausgewählt und dann in die Hauptstadt Cusco geschickt werden sollten. Hier mussten die größten Talente binnen zwei Jahren all ihr Wissen und Können lehren und weitergeben und zugleich, so viel sie nur konnten, von anderen lernen. Anschließend reiste ein jeder wieder nach Hause und überbrachte alles, was er gesehen hatte, den Dorfbewohnern.

Wir fahren in den Bahnhof Ollantaytambo ein. Im Zug herrscht eine angenehme Stimmung. Alle sind erschöpft, aber alle sind froh, alle fühlen sich geistig bereichert. Und alle haben einen Sonnenbrand.

Nachdem wir uns endlich vorgestellt haben, zeigt sich, dass der Schotte, der *Fair Trade* betreibt, tatsächlich Andy Good heißt – und ja, er wurde in der Schule wegen seines Namens aufgezogen, sogar von den Lehrern. Als Nächstes bekommen wir eine Art Torte und zwei Kekse serviert. Ich nehme eine Tasse *café con leche*, Andy nimmt eine Tasse *mate de coca*.

Da tanzt aus heiterem Himmel ein Mann in traditioneller Tracht durch den Zug. Zu Panflötenmusik vollführt er einen Tanz über einen alten Mythos. Die Show geht noch weiter: Unsere Schaffnerin und die Zugbegleiterin treten als Models für Alpakapullover auf, in der Hoffnung, dass wir ihnen einen abkaufen. Zu sehr lauter Musik von Madonna stolzieren sie den Gang auf und ab. Vor den Fenstern defilieren Kakteen und Felsbrocken, im Hintergrund geht die Sonne unter, und mit großzügiger Hand hat jemand über das gesamte Panorama leuchtende Orchideen gestreut. In einem Zug, der Vista-dome 2 2 3 heißt, ist offenbar alles möglich.

Nach einer halben Stunde ist die Sonne vollständig verschwunden. Wir befinden uns auf dem 1 6. Höhengrad, südlich des Äquators. Um 1 8.2 7 Uhr halten wir in Poroy. Hier steigen so gut wie alle aus. Warum? Ich frage einen Mann, der mit breitem amerikanischen Akzent antwortet:

»Mit dem Zug dauert es von hier bis ins Zentrum von Cusco eine Stunde. Aber der Bus braucht nur zehn Minuten.« Er sieht mich und Andy an, als wären wir etwas beschränkt, weil wir sitzen bleiben.

Aber das sind wir nicht, wir wollen nur gern Cusco bei Nacht sehen.

Das Abteil, bisher rappelvoll, ist jetzt so gut wie leer. Paola spricht müde in ihr graues Walkie-Talkie. Leere Wasserflaschen werden eingesammelt. Eine Gruppe Australierinnen öffnet die Fenster, um zu fotografieren, obwohl Paola sagt, sie möchten sie lieber geschlossen lassen. Cuscos schlimmste Rabauken könnten auf die Idee kommen, die Touristen im Zug mit Steinen zu bewerfen, wenn die Zugfenster offen sind, warnt sie.

Als ich in der kalten Gebirgsluft stehe, um zu sehen, ob die Stadt wirklich einem Puma ähnelt, merke ich, wie die Atemnot wiederkommt. Ich huste. Andy reicht mir eine große Handvoll Kokablätter. Wir stehen nebeneinander und kauen und reden. Davon, dass man Koka im Urin noch bis zu dreißig Tage später nachweisen kann, davon, dass sich seine Tochter auf Weltreise befindet, davon, dass er eigentlich diplomierter Astrophysiker ist, davon, dass die Welt vielleicht ein besserer Ort sein könnte, wenn wir alle ein bisschen nachgeben und ein bisschen mehr aufeinander zugehen würden.

Als ich später am Abend allein bei Orchestermusik in einem Tanzlokal sitze und Alpakasteak esse, frage ich den korpulenten Kellner, ob ich zu dem dunklen harten Fleisch nicht eine halbe Flasche peruanischen Rotwein bekommen könne. Der hat einen guten, aber eckigen, handgemachten, ländlichen Geschmack. Eine Viertelstunde später kommt er mit einer ganzen Flasche. Als ich protestieren will, zieht er mit einem blauen Bic-Kugelschreiber einen waagerechten Strich über das Etikett.

»Wenn Sie bis dahin trinken, ist das eine halbe Flasche«, sagt er.

Ein Augenblick

Ich sitze in meinem kleinen Fachwerkhaus auf Fünen und schreibe. Aber wie soll ich es formulieren? Mit welchen Worten soll ich die größten Momente meiner Zugreisen ausdrücken? Oder vielleicht sogar den allergrößten Moment aller Zugreisen zusammen?

Es ist spät, mitten in der Nacht. Im Grunde schon Morgen. Die Uhr zeigt fast halb fünf. Ich höre CDs. Und plötzlich finde ich sie. Das Cover ist nicht mehr heil, weil ich sie mindestens ein halbes Jahr lang im Auto liegen hatte. Sie gehört zu den CDs, die man einlegt, wenn man allein im Auto unterwegs ist. Man öffnet das Seitenfenster, legt den Arm in die kühlende Brise und dreht total auf. Man würde die Augen schließen, wenn man nicht am Steuer säße.

Am Anfang klingt es ein bisschen wie ein Kirchenlied. Die Stimme kommt zuerst, klar und gleichzeitig rau, rostig. Dann setzt dieser stumpf tanzende Viervierteltakt ein. Dieses charakteristische Klavier, ein Pianist, der mit den Fingern auf die Tasten einhämmert. Zwischendurch trommelt er geradezu auf die Tasten ein. Er ist ein Klavierboxer. Der Zeigefinger des Bassisten gibt die Richtung vor. Ich glaube, es war in dieser Nacht, dass ich zum ersten Mal wirklich dem Text zuhörte. Und da plötzlich geht alles auf wie in eine höhere Ordnung. Der Text stammt von Danny Small. Die Stimme ist die der schwarzen Sängerin Irma Thomas.

I awakened this morning, I was filled with despair
All my dreams turned to ashes and gall, oh yeah
As I looked at my life, it was barren and bare
Without love I've had nothing at all
Without love I've had nothing

Durch all das schieb sich wieder das lebendige Bild von New Orleans vor meine Augen. Das größte Erlebnis meiner ganzen Reise? Ich glaube schon. Der größte Moment auf der ganzen Reise waren diese vierundzwanzig Stunden, die ich in der Stadt mit dem Spitznamen *The Crescent*, »Der Halbmond« zubrachte. Bereits am Tag nach meiner Ankunft reiste ich weiter nach Australien, nahm ein amerikanisches Flugzeug vom Flughafen Louis Armstrong International Airport nach Los Angeles. Zwei Wochen später existierte das meiste von New Orleans nicht mehr. Ich schreckte vor den Fernsehnachrichten zu Hause in Dänemark jäh auf. All meine Träume, zurückzukehren, vielleicht sogar eine Zeitlang in der phantastischen Stimmung dieser Stadt zu leben, waren urplötzlich zunichtegemacht worden. Die Stadt war verwüstet. Es gab sie nicht mehr.

Erst als ich diese Nachricht erhielt, und das war das Sonderbarste an dem Tag, begriffen die Menschen, wie es mir selbst kurz zuvor inmitten des Chaos ergangen war. Als ich die alte Hauptstadt des Jazz besuchte, war die Stadt gerade Opfer eines tropischen Sturms geworden – der beinahe die Ausmaße eines richtigen Orkans hatte. Am folgenden Tag sah man umgestürzte Bäume, ganze Stadtviertel waren ohne Strom, die Menschen standen unter Schock, und alle redeten über diesen Albtraum. Aber als ich, zurück in Dänemark, davon erzählte, hatte das niemanden sonderlich beeindruckt. Ach ja, also ein Unwetter hattet ihr, na gut. Erst als die Menschen den Hurrikan Katrina im Fernsehen verfolgt hatten, kamen die Reaktionen. Du liebe Güte, das muss ja wahnsinnig gewesen sein!

Das war es.

Und man konnte es den Menschen anmerken. Schon das war ungewöhnlich. Da war das übergewichtige schwarze Paar im Bus, das sich besorgt ansah. Da war der Busfahrer, der schwarze Handschuhe beim Fahren trug. Da war der steinalte, aus New Orleans gebürtige Taxichauffeur, der an diesem Abend wirklich nervös in den rabenschwarzen Nachthimmel blickte. Da war die Barkeeperin in meinem Hotel – eine echt süße junge Frau, die ein wunderbares Louisiana-Amerikanisch sprach und sich eine halbe Stunde mit mir unterhielt. Da waren die beiden jungen Menschen, ein junger Mann und eine junge Frau, die später am Abend kichernd auf mein Zimmer kamen und mir die Pizza brachten, die ich bestellt hatte. Da war die Dame, die mir am nächsten Tag unten auf der Straße einen der traditionellen französischen Kuchen verkaufte. Da war der hippe Vierzigjährige in dem Plattenladen, wo ich eine CD von Irma Thomas kaufte und eine Handvoll anderer CDs mit Funky Music und Sängern aus dem tiefen Süden. Da war dieser kleine, fast eingetrocknet wirkende Mann, der mir eine Menge Südstaatengewürze zeigte und eine Menge unterschiedlicher Soßen. Ich war schlau genug, sie nicht mit nach Hause zu schleppen – schlau deshalb, weil ich zuvor noch nach Australien und China reisen würde. Da war der junge Taxifahrer, der mich zum Flughafen brachte, ein tougher Typ aus Florida, der die ganze Zeit redete.

Was war zwei Wochen später aus all diesen Menschen geworden?

Die Frage hat mich als Albtraum begleitet. Oder richtiger, als erschütternde beklemmende Phantasieversion einer gewöhnlichen Nachrichtensendung. Vor meinem geistigen Auge sah ich, wie all die Menschen, denen ich persönlich begegnet war, plötzlich mit der Notlage konfrontiert waren, die mir nun aus dem Fernsehen entgegenkam, während sich meine Freunde und meine Familie zulächelten und gern noch eine halbe Tasse Kaffee nahmen. An diesen Abenden fror ich innerlich. Was war all diesen Menschen zugestoßen?

Im Fernsehen zeigten sie, wie aufgedunsene Leichen in Straßen trieben, die sich plötzlich in Flüsse verwandelt hatten. War das möglicherweise die schöne Barfrau? Sie zeigten Alte, aufgebahrt in einem großen Sportstadion – zierlich Seite an Seite in einer fast schon perversen Ordnung. War mein Taxichauffeur unter den Toten? Sie zeigten Menschen, erschossen von kriminellen Elementen, weil sie auf der Flucht ihre Wertgegenstände bei sich getragen hatten. Hatte es den Verkäufer aus dem Plattenladen auf diese Weise erwischt?

Ich war aufrichtig betroffen, als ich merkte, dass es das traumatische Erlebnis war, an das ich mich am intensivsten erinnerte. Ich hatte geglaubt, es würden die glücklichen Augenblicke sein. Und natürlich gab es auch die. Wenngleich sie sich nicht auf dieselbe Weise in meine Psyche eingebrannt haben.

Die raue Landschaft von Nordjütland, wo alles flach wird und unsagbar schön – ein einsamer Raubvogel über noch einsameren Kühen auf einer Wiese schwebend. Seither weiß ich, dass ich etwas öfter Ferien in Nordjütland machen muss.

In Kyoto stand ich einem Zenmeister gegenüber. Die warmen Augen hinter der großen eckigen Brille sahen mich mit einer Tiefe an, die mir neu war. Er überreichte mir ein kleines Gebet, das ich mit nach Hause nehmen durfte. Aber ich habe die ganze Stadt mit nach Hause genommen, jedenfalls in meinem Bewusstsein.

Im menschlichen Leben gibt es Erinnerungen, die sind so früh, dass sie ohne Worte sind. Es sind nur Bilder, Zeichen, Empfindungen. In der Schweiz drang ich bis zu meinen vorsprachlichen Erinnerungen vor. Es war ein idyllischer Tourismus zu landschaftlich schönen Zielen, wie sie sich in meiner frühesten Kindheit auf den begeisterten Gesichtern der Heimkehrenden spiegelte. Damals nagelte man Metallschildchen an die Spazierstöcke, wenn man im jütländischen Himmelbjerget gewandert war.

In Cusco, in den Anden, bin ich in Kontakt mit der natürlichen Geistigkeit der Erde gekommen. Ich war immer der Meinung gewesen, es sei ein Klischee, wenn es hieß, die Indianer hätten einen engeren Kontakt zur Spiritualität. Aber es ist tatsächlich so. Sie strahlen eine Ruhe aus, ein Verwurzeltsein, das ich weder früher noch später an irgendeinem Ort erlebt habe. Und wenn mir ein indianischer Bettler in die Augen sah und »Danke« sagte für die Münze, die ich in seine Tasse geworfen hatte, war es meinem Gefühl nach wirklich so, dass er mir etwas zurückgab, etwas Konkretes, fast schon physisch Wertvolles, das ich mit nach Hause nehmen konnte.

Im Zug von Oslo nach Göteborg unterhielt ich mich mit vier Menschen, vielleicht den interessantesten, die ich je getroffen habe – zumindest gleichzeitig. Es war fast so, als wollte das Universum, dass auf dieser Strecke durch Skandinavien die ganze Welt in diesem Abteil zusammenkam. Überhaupt war diese Fahrt geprägt von außergewöhnlichen Begegnungen. Hier traf ich die meisten eigenwilligen Menschen: die alten Damen, den verlorenen Sohn der Mutter, den Studenten, den Brauer, die vielleicht einzigen dänischen Motorradtouristen nördlich des Polarkreises.

In China begegnete ich zwei schönen jungen Menschen, die mich zum Tee einluden. Sie sprachen mich vor dem Kaiserpalast in der Verbotenen Stadt an. Ich habe mir ihre Namen nicht notiert. Sie war eine schöne junge Frau mit einem fast völlig runden Gesicht und einem ganz gelassenen Blick. Und er war ein flinker junger Mann, der herumrannte und die ganze Zeit eifrig in gebrochenem Englisch sprach. Sie behaupteten, nur Freunde zu sein; sie hätten sich übers Internet kennengelernt. Anfangs war ich sehr nervös, weil ich fürchtete, sie könnten darauf aus sein, dem naiven Reisenden sein ganzes Geld abzuluchsen. Aber meine Furcht war unbegründet. Sie führten mich zu Maos bevorzugtem Teehaus in Peking, wo wir den teuersten Tee tranken, den ich in meinem Leben gekostet habe. Er war phantastisch, und die Zeremonie um die Verkostung glich einer lebendigen und gleichzeitig viele, viele Tausend Jahre alten Skizze für die Struktur der traditionellen Teezeremonie in ihrer strengen und im Grunde sperrigen Form. Als wir den Tee getrunken hatten und ich einige Pakete Tee gekauft und jedem meiner Gäste ein Paket Tee geschenkt hatte, bekam ich die Rechnung. Sie belief sich auf 1200 Kronen, also ungefähr 160 Euro. Die müssen mich betrogen haben! Später fand ich jedoch heraus, dass in China richtig, richtig guter Tee ein Vermögen kostet. Und gleich anschließend luden mich meine beiden neuen Freunde zu Peking-Ente ein. Mein Hotel hatte mir ein sehr vornehmes Restaurant empfohlen. Stattdessen bekam ich nun die Erlaubnis, Ente in Pfannkuchen eingerollt zu essen, gemeinsam mit Männern in verschwitzten Unterhemden, die jedes Mal laut riefen, wenn sie ihr Schnapsglas geleert hatten, was permanent der Fall war. Im selben Lokal saßen Freundinnen, die sich hier zum Essen trafen, an anderen Tischen Großfamilien. An unserem Tisch bekamen wir reichlich Bier und Schnaps, und sobald der Teller leer war, schnipste man mit einer flotten Handbewegung nach mehr Ente. Ich konnte den Gesichtern der Chinesen anschließend ansehen, dass sie eine größere Rechnung zu begleichen hatten. Diese Begegnung mit China war weitaus intensiver gewesen, als ich sie beim Bestaunen des Platzes des Himmlischen Friedens oder eines Porzellangeschäfts erlebt habe.

In Westaustralien stand ich eines Morgens sehr, sehr früh im Flughafen von Perth. Da blickte mich von der anderen Seite der Abflughalle eine wirklich attraktive Frau in Uniform an und kam quer durch die menschenleere Halle auf mich zu. Sie begann ein freundschaftliches Gespräch. Aber wegen ihrer Uniform fing ich an zu überlegen, was wohl dahinterstecken mochte. Drogenverdacht? Eine Stichprobenuntersuchung meines Gepäcks? Eine Visumprüfung? Nach drei, vier Minuten wurde mir klar, dass es nichts von alledem war. Es war einfach sehr früh am Morgen, und wir waren die beiden einzigen Menschen im Flughafen. Sie wollte nichts weiter als mir eine gute Reise wünschen. Ich war sprachlos. Und das war eigentlich sonderbar. Denn genau dieser Art von Freundlichkeit und Entgegenkommen bin ich überall in Australien begegnet.

In den Milchbergen südlich von Neapel sah ich zwei alte Damen bei einem Wettlauf. Auf den Köpfen balancierten sie Körbe voller Kastanien. Die ältere der beiden — sie gewann — hatte die gleichen schiefen abgearbeiteten Finger wie meine Großmutter kurz vor ihrem Tod. Als sie zum Abschied meine Hand nahm, konnte ich an dem pergamentartigen Gefühl ihrer Haut die tägliche harte Arbeit eines langen Lebens wiedererkennen.

In Südafrika unterhielt ich mich mit einem Taxichauffeur, der mich zum Flughafen von Kapstadt fuhr. Seine Frau war Krankenschwester. Er erzählte von seinen Arbeitszeiten und wie er und seine Frau sich bemühten, genug Geld für ein Haus zusammenzusparen, damit sie Kinder bekommen konnten. Er wollte nicht eher welche haben, bis die Rahmenbedingungen auf einem verantwortlichen Niveau waren. Er bekam einen großen Schein als Trinkgeld.

Irgendwo südlich von Bombay, an einer menschenleeren Küste, zwei Kamele als zittrige Silhouette, die über den Sandstrand der sengenden Sonne entgegengehen. Die besten Momente sind manchmal nichts weiter als ein Anblick, ein einfaches Bild, von dem man weiß, dass es einem unvergesslich sein wird.

Allein reisen beschert einem viele schöne Erlebnisse. Viele wunderbare Augenblicke, die man mit nach Hause nehmen kann — und mit sich ins Grab, weil es im Grunde niemanden gibt, mit dem man sie zu teilen vermag. Deshalb ist Reisen mit einem Menschen, den man gernhat, ein ganz anderes Erlebnis. Wenn man Erlebnisse teilt, führt das zu weiteren Erlebnissen, zu neuen und intensiveren Begegnungen, die eigentlich nichts mit dem Reisen zu tun haben. Abgesehen davon, dass man die Erlebnisse nicht gehabt hätte, wäre der Rahmen nicht neu und anders gewesen. Deshalb brauchte es eine Zugfahrt zwischen London und Bath, bis mein Vater plötzlich anfing, mir Sachen aus seiner Kindheit zu erzählen, von denen ich bis dahin nichts gewusst hatte. Sechzig Jahre sieht man einem Gesicht an. Aber diese Jahre können dahinschwinden wie Tau in der Sonne, und plötzlich sieht man die Augen des kleinen Jungen, die noch immer von der Demütigung zeugen, weil man wegen des hohen Spanns keine passenden Schuhe bekommen konnte und weil nicht genug Geld da war, um in ein ordentliches Schuhgeschäft zu gehen. So entdeckt man, dass man sehr, sehr weit in der Zeit reisen kann – binnen weniger Sekunden.

Skandinavische Gespräche

Svante Johannes Lindh verlor neulich genau zwei Worte, während ich in seinem Stockholmer Taxi saß. Nachdem ich gesagt hatte: »Bitte zur *Silja Line*«, quittierte er das mit einem »*Silja* ...« Und als wir eine Viertelstunde später am Värtahafen angekommen waren, bemerkte er: »So ...«

Das ein Gespräch zu nennen ist vielleicht übertrieben. Aber Gespräche können vieles sein. Ich erinnere mich an einen Vortrag, als ich an der Kopenhagener Universität Sprachwissenschaft studierte. Es ging um den Unterschied zwischen Großstadt und Provinz. In Großstädten übermittelt man sich Nachrichten. Selbst kurze Gespräche beinhalten viel. In der Provinz hingegen spricht man, um im Gespräch zu bleiben. Außerdem verwendet man unterschiedliche Codes – auf Seeland zum Beispiel dieses *så deeet*, etwa »So isses«, um das Gespräch in Gang zu halten und auf diese Weise zu zeigen, dass man seinem Gegenüber folgt. Vielleicht gibt es draußen auf dem Lande einfach zu wenig Menschen? Ich bin von Malmö nach Stockholm mit dem Zug gefahren, mit dem X2000. Der Schaffner mit seinem südschwedischen Bauernakzent war recht gesprächig. Aber vielleicht ist das Wortkarge ein nordischer Charakterzug? Vielleicht führen Skandinavier auf ähnliche Weise Gespräche? Schließlich handelt es sich um Brudervölker, die in einer der entlegensten Provinzen der Welt leben. Weit entfernt von Paris, Tokyo, New York.

Auf der Fähre führte ich wirklich nur ein Gespräch. Und das handelte vom Salz des Lebens: von Wodka, Weibern und

Heavy Metal. Ich spazierte nach dem Essen auf der riesigen Fähre draußen an Deck herum und genoss die Stille, das Alleinsein und das goldene Licht des Sonnenuntergangs über den Schären. Als ich wieder hineinging, wollte ich den Stolz des stolzen Fährschiffes »Silja Festival« testen: die vermeintlich längste Bar der Ostsee. Aus diesem Grund nämlich muss man dreiundzwanzig Jahre alt sein, um an den Wochenenden die Überfahrt allein zu machen. Und der Grund hat noch einen anderen Namen: Wodka.

Zu Anfang ging alles gut, aber als mir auf der Toilette ein kugelrunder Schwede von etwa fünfunddreißig Jahren begegnete, ging es los.

»Bist du Schwede?«, fragte ich ihn.

»Jaha«, antwortete er.

»Ich bin Däne«, sagte ich.

Wie sich zeigte, wollte der Schwede in die finnische Stadt Turku zu einem Konzert der Heavy-Metal-Band Motörhead — und bereits da hätte ich mir vielleicht ausrechnen können, welche Sorte Ratschläge er einem täppischen Dänen geben würde. Auch wenn es zuerst völlig okay klang, als wir dort vor dem Becken standen und um die Wette pinkelten.

»Ja, also wir fahren oft mit der Fähre rüber. Die reinste Party. Da kommen alle möglichen Menschen zusammen. Firmenausflügler, verliebte Paare, alte Männer mit ihrer Frau. Familien, Arbeitskollegen. Alles da«, erzählte er.

»Hör mal«, sagte er auf einmal. »Wenn du auf Weiber aus bist, musst du dich an die Schwedinnen halten. Die sehen viel besser aus als die finnischen Frauen. Und außerdem machen sie alles mit«, ergänzte er mit hochgezogenen Augenbrauen und einem vielsagenden Blick.

Wieder auf dem Tanzparkett, fragte ich ihn, welcher Wodkadrink auf der *Silja Line* seiner Meinung nach der beste sei. Die Antwort kam wie aus der Pistole geschossen:

»Koskenkorva, Red Bull!«

Das hätte er nie sagen dürfen.

Erst stand ich zwei Stunden dort und sah zu, wie sich Menschen jeden Alters auf dem Tanzparkett vergnügten. Als die finnische Band »Let's twist again« spielte, bekamen ausnahmslos alle beim Zuhören die »Tanzuenza«. Danach war der Abend irgendwie benebelt. Die Sprachen flossen in einer Art neu aufgemischtem Altnordisch zusammen. Nach und nach verschwamm alles, und irgendwann war es schwarz. Mein nächster Sinneseindruck war eine hübsche Frau in Uniform, die mich sanft am Oberarm in meine Kajüte drückte, während die Morgensonne meine Pupillen blendete.

»Zeit, an Land zu gehen«, sagte sie mit breitem Lächeln, als wäre alles wie immer auf der *Silja Line*.

Wenn man in Skandinavien reist, erlebt man viel Schweigsamkeit. Ich wechselte nur wenige Worte auf den blauen Sitzen des Zuges von Turku nach Tampere. Von Tampere fuhr ich weiter nach Kemi. Von Kemi nahm ich den Bus nach Tornio. Von Tornio spazierte ich über die Grenze ins schwedische Haparanda. In Haparanda sagten die Leute fast gar nichts zueinander. In der Eckkneipe nickten sie sich lediglich zu, wenn auf dem Großbildschirm die schwedische Mannschaft ein Tor schoss.

Es war hell, als ich zu Bett ging. Es war hell, als ich um 23.40 Uhr aufstand und nach draußen ging, um die weißen Nächte zu fotografieren. Es war hell, als ich früh am nächsten Morgen mit dem Bus nach Luleå und vor dort weiter nach Boden fuhr. Niemand redete unterwegs. Es gab auch nicht viel zu reden. Und schon gar nichts nach Hause zu berichten. Höchstens von dem Elch, den ich vom Bus aus sah.

In Boden zu sein war so wie mitten in dem Film der Cohen-Brüder über den ultranordischen Ort Fargo in North Carolina zu sein. Alles in Boden geht langsam-langsam-langsam. Die Menschen kommen mir vor wie gedopte Nordjüten. Im

Pressbyrå – alle Bahnhofskioske in Schweden heißen so – hörte ich ein Gespräch, das alle Rekorde schlug.

»Wie die da draußen bauen.«

»Ja, das tun sie. Die bauen viel.«

»Ja, das tun sie. Aber warum?«

»Weil wir einen neuen Bahnhof bekommen sollen.«

»Sollt ihr einen neuen Bahnhof bekommen?«

»Ja, sollen wir. Wir sollen einen neuen Bahnhof bekommen, das sollen wir.«

»Na, so was. Das ist ja ein Ding … einen neuen Bahnhof.«

»Ja. Einen neuen Bahnhof.«

»Aber ihr habt doch schon einen Bahnhof.«

»Ja, haben wir. Aber jetzt sollen wir noch einen zweiten bekommen, einen richtigen.«

»Ach so. Einen richtigen.«

»Ja.«

»Ach so.«

»Ja, und die Zigaretten. Welche wolltest du haben?«

Tja. Am Bahnhof sah ich ein Mädchen mit einem Schlittenhund. Und einen Samen. Er sah aus wie ein Indianer.

Als ich auf dem Weg nach Kiruna wieder im Zug sitze, schlage ich mein Zugbuch auf. Mein ewiges Zwiegespräch mit mir selbst kommt in Gang. Ich notiere – mit blauer Tinte – Folgendes:

In dem offenen Abteil sitzen zwei Damen, ein Mann mit riesiger Stahlbrille und ein junger Mann, der eines meiner Lieblingsbücher liest. Es ist *Die Kunst des Lesens und Schreibens* des schwedischen Literaturkritikers Olaf Lagercrantz. Der Mann mit der großen Stahlbrille wirkt nervös. Wie ein Krimineller, der einen tollen Job in Aussicht hat. Im Oberkiefer fehlen die vier Schneidezähne.

Auf der Reise entwickelt sich ein phantastisches Gespräch. Es geht um die Natur und die Sonne und darum, wie es war, im nördlichsten Norden Kind zu sein. Ich beginne damit, Eindrücke aufzuschreiben. Der Stahlbrillenmann hat ein blau-orangefarbenes Nokia. Nachdem es mit einer blöden Melodie geklingelt hat, redet er auf einmal finnisch. Bis dahin sprach er fließend schwedisch. Binnen kurzem reden alle drauflos. Über Rentierfleisch mit Kartoffelbrei. Über damals, als die eine Dame – als Kind – eines Tages aus dem Haus trat und fünf Elche auf dem Hof standen. »Damals fühlte man sich sehr klein.« Sie sprechen über die Erzgrube in Kiruna – »Die musst du dir unbedingt ansehen!« – und davon, dass die Mine unterhalb der Stadt verläuft und dass die ganze Stadt jetzt umziehen muss, damit sie nicht eines Tages einstürzt. Kirche und Rathaus sollen tatsächlich Stein für Stein abgetragen werden. Die Damen reden und reden. Über die Mitternachtssonne und wie man nie daran denkt, dass es gar nicht dunkel wird, wenn man dort aufwächst. Man schaut eben auf die Uhr und geht ins Bett. Im Winter geht die Sonne nie auf. Ich frage, ob es in diesen Monaten nicht sehr dunkel ist. »Aber nein, gar nicht, wenn man ein paar Lampen anmacht!« Und dann lachen sie laut. Anschließend erzählen sie, dass im Winter der Schnee und der Mond Kiruna erhellen. »Ich finde es da in Göteborg, wo ich jetzt wohne, wirklich dunkler.«

Wir können auf einmal am Horizont Schnee auf dem Gebirge sehen. Die eine Dame sagt, man könne hören, wenn es Frühling wird, weil der Schnee so schnell schmilzt. Die andere erzählt, dass ihr einmal eine Herde von einhundertfünfzig Rentieren begegnete. Die kamen alle auf sie zu. »Ich musste die Skistöcke fest zusammenschlagen, um sie zu verscheuchen.«

Als wir in den Bahnhof von Gällivare einfahren, hält dort der Erzzug. Der junge Mann neben mir sagt, als Kind habe er immer die Wagen zählen müssen, wenn ihm ein Erzzug begegnete. »Das sind – ausnahmslos – zweiundfünfzig völlig identische Kipploren. Immer.« Ich zähle sie nicht, versuche aber fieberhaft, die vielen Wagen voller Pellets – das ist zu kleinen Kugeln geschmolzenes Erz – zu fotografieren.

Ich gehe zur Toilette. Als ich zurückkomme, höre ich eine echte Neuigkeit: Wie sich zeigt, wird der Mann mir gegenüber – der so nervös wirkte – nach dreißig Jahren zum ersten Mal seine Mutter besuchen. Die Dame neben mir fragt ihn gekränkt, warum er seine Mutter nicht schon früher besucht habe.

»Ich hatte wohl keine Zeit«, sagt er.

Nach meinem Besuch in Kiruna – ein echt surreales Erlebnis, weil ich nur drei Stunden dort bin, ehe ich auf demselben Weg weiterfahre, auf dem ich gekommen bin – lande ich schließlich dort, wo man in Zügen, die weit fahren, immer landet: im Speisewagen. Menschen begegnen sich immer beim Essen. Und beim Trinken. Im Speisewagen komme ich mit Peter oben aus dem Norden und mit Robert aus Gävle ins Gespräch. Robert ist ein arbeitsloser Brauereiarbeiter. Peter sagt nicht, was er ist.

Das Gespräch beginnt wie immer. Man findet ein gemeinsames Thema, etwas, wo alle mitreden können. »Ist es in Nordschweden immer so langweilig?« Oder: »So viele Bäume, mir wird ja ganz schwindelig. Was ist mit euch, kommt ihr aus dieser Ecke?« Oder: »Dieser schwedische Kaffee, also der schmeckt gut – das ist was anderes als der in dänischen Zügen.« Was auch immer: alles Ausreden, um ins Quatschen zu kommen, damit man sich nicht so allein fühlt.

Wir reden schließlich über alles zwischen Himmel und Erde. Über Gewerkschaften, über schwedische Sportskanonen, über Musik, über Kindheit in der Provinz. Das ist der reinste *brain candy*, was wir da austauschen – nichts weiter als sozialer Süßkram.

Nach einer Weile beschließe ich, die beiden Schweden zu einem Bier einzuladen. Aber die Bar ist geschlossen, weil es halb eins in der Nacht ist. Draußen vor den Fenstern ist es immer noch taghell.

Peter sagt, er wolle jetzt schlafen. Morgen, wenn er angekommen ist, müsse er arbeiten.

Da bleiben nur wir beiden Männer in der Nacht zurück – in einer geschlossenen Bar.

»Ich habe diese Situation vorhergesehen«, sagt Robert.

Wir sitzen auf kleinen Klappsitzen und reden die halbe Nacht, während draußen der Norden vorbeirast. Und Robert ist ein guter Reisebegleiter. In die weißen Plastikbecher schenkt er den Selbstgebrannten seines Schwagers ein und mischt ihn mit Fanta. Es schmeckt entsetzlich. Es schmeckt sehr stark. Aber Robert versichert mir, »das hat nicht mehr als 41 Prozent«.

Ich komme zu spät in Ånge an. Während ich in meinem Schlafwagen lag und schlief, hatte es einen Stromausfall gegeben. Die Weiterfahrt von Ånge aus ist ein einziger langer Traum vom Norden: quer durch Schweden in einem Taxi mit fünf Menschen, die nicht ein Wort wechseln. Von Östersund geht es weiter nach Trondheim, wo der lokale Fußballverein in dem Restaurant, in dem ich esse, lautstark irgendetwas feiert. In Norwegen hält man sich gegenseitig Reden. Das wusste ich nicht. Mindestens zehn Reden höre ich mit an, in denen angetrunkene Wikinger sich selbst und andere über den grünen Klee loben. Das wirkt sehr urtümlich. Von dem verregneten Trondheim aus durchquere ich schlafend das Gebirge und komme schlafend in Oslo an. Die Stadt reibt sich die Augen und murmelt irgendetwas Unverständliches, während ich in meinen letzten Zug steige. Mein Zugbuch liegt schläfrig vor mir auf dem kleinen Tisch und gähnt. Aber es sagt nichts. Ich soll seinen Schlund mit Worten füllen.

Der Zug nach Göteborg hat Oslos Hauptbahnhof verlassen. Mir gegenüber sitzt ein Mann in einem Hemd mit Punkten und liest eine englische Zeitung. Um den Hals trägt er an einer Kette den Davidstern. Er schaut aus dem Fenster. Wie ich. Ob uns bei dem Schilderwald wohl dasselbe auffällt? Missionskirche. Holmlia Zentrum. Skiltforum. Vinmonopolet. Theodor Hansenvei. Meny. Sørli und Haugsta A/S.

Die Welt ist grenzenlos in ihrer Freigebigkeit. Nach einer Weile bietet sich ein interessantes Gespräch mit den beiden Männern mir gegenüber an. Der eine ist Arzt, Spezialist für die Pharmaindustrie, es ist der Jude in dem gepunkteten Hemd. Er kommt aus San Francisco. Der andere gehört dem Parlament der tibetischen Exilregierung in Dharmsala in Indien an. Er ist staatenlos, war aber in *official business* in Oslo. Jetzt ist er auf dem Weg nach Göteborg, wo Seine Heiligkeit, der 14. Dalai Lama, vor einer Versammlung sprechen wird. Der Tibeter sagt, wenn er sie beantragte, könnte er leicht die indische Staatsbürgerschaft bekommen, aber es nicht zu tun sei ein politischer Akt. Sonst würden doch alle tibetischen Bürger still und unauffällig verschwinden – und die Chinesen hätten gewonnen.

Der Mann neben mir ist Schweißer, genauer gesagt Ölrohrschweißer, und er fährt nach Göteborg, um einen vierzig Jahre alten VW zu kaufen. Falls der Motor funktioniert, will er damit die ganze Strecke nach Hause fahren, bis nach Tromsø. Der Arbeitsmediziner sagt, der Schweißer solle aufpassen, wenn er galvanisierten Stahl schweiße. Und er solle immer daran denken, die Brille zu benutzen und die Arme zu bedecken, um diese kleinen Verbrennungen auf den Armen zu vermeiden. Der Schweißer sagt, das wisse er wohl. Denn er mache Röhren sowohl für Wasser wie für Gas und Öl.

Der Amerikaner gibt mir einige gute Tipps für meine Zugfahrt in den USA, wo ich von New York nach New Orleans fahren werde.

»Es wird heiß. Die haben dort im Sommer oft eine Luftfeuchtigkeit von 99 Prozent«, sagt er.

Er ist ein Globetrotter, dieser Amerikaner. Er ist schon überall gewesen, und er kennt alle Kulturen.

»Buttertee ist richtig gesund für die Blutgefäße«, sagt er zu dem Tibeter.

»Wirklich? Das freut mich zu hören«, antwortet er.

»Nein, das stimmt nicht«, lacht der Arzt.

Der Vater des Schweißers war Hubschrauberpilot im iranischen Heer.

Der Amerikaner sagt, er habe viele iranische Freunde. Er sagt auch ganz direkt, er finde, die seien seltsam. Etwas verstehe er jedenfalls nicht so richtig.

»Was war das noch mal, was man beim iranischen Neujahr haben muss?«

»Einen Goldfisch«, antwortet der Schweißer. »Wir feiern Neujahr, indem wir einen Goldfisch in einem Glas auf den Tisch stellen.«

»Aber warum einen Goldfisch?«

»Dafür gibt es eine lange Erklärung. Aber es steckt vor allem der Gedanke dahinter, dass man Sachen sammelt, die man gern mag. Das kann alles Mögliche sein.«

»Wie etwa ... *anything*?«

»Ja. Das Einzige, was auf jeden Fall immer dabei sein muss, ist ein Goldfisch. Na ja, und außerdem natürlich noch eine Hyazinthe.«

Der überflüssige Überfluss

Es wirkt total paradox, ein Buch über phantastische Zugreisen weltweit in einem ehemaligen Nonnenkloster zu beenden. Die Wände hier in San Cataldo sind weiß gekalkt, das Holzwerk ist grau und nichtssagend, die Fliesen auf dem Fußboden haben Risse. Das ganze Gegenteil zu meinen Erlebnissen an Bord einiger der feinsten – und eben auch teuersten – Züge der Welt.

Denn wenn Zugreisen etwas *nicht* sind, dann billig. Generell ist Fliegen viel billiger. Um die Strecke zwischen Sydney und Perth mit dem Zug zurückzulegen, bezahlt man zum Beispiel viel mehr als für den Flug. Und da die Zugreise vier Tage dauert, darf man nicht vergessen, dass noch zwölf Mahlzeiten dazu kommen – plus Wein, Snacks, Souvenirs, Ausflüge. Beim Flug ist alles inklusive. Ja. Zugreisen *sind* teuer. Und deshalb muss es beim Verkaufsgespräch auch um mehr gehen als nur um den Preis. Es handelt sich immer auch um den Mehrwert. Um die Extras, die eine Zugreise bietet. Deshalb sind Zugreisen oft luxuriös. Man bekommt im Zug etwas mehr. Man bekommt Überfluss – und Überfluss ist die Bedeutung des lateinischen Wortes *luxus*.

Natürlich gibt es Züge, in denen man für einen Pappenstiel fahren kann. S-Bahn-Fahren in Dänemark ist trotz allem nicht besonders teuer. Und die meisten Regionalzüge auf der ganzen Welt sind für Otto Normalverbraucher erschwinglich. Vor kurzem zum Beispiel bezahlte ich nur wenige Euro, um mit dem Zug quer durch Irland zu fahren, die gesamte Strecke über die Insel von Ost nach West. Und man kann auch immer noch mit Zügen fahren, die so gut wie nichts kosten, zum Beispiel in Indien. Wie billig das zu machen ist, habe ich selbst gesehen, als ich auf meiner Reise um die Welt in Bombay war.

Meine Reiseführerin erklärte mir gerade, warum Inder Wäsche mit der Hand waschen, als ich sie plötzlich unterbrach.

»Entschuldigung, aber es hat mich immer fasziniert, dass Inder tatsächlich auf dem Zug sitzen, wenn sie irgendwohin fahren wollen«, sagte ich einigermaßen beklommen.

Sie lächelte etwas irritiert. »Ja, früher war das ziemlich verbreitet«, meinte sie. »Aber heutzutage macht man das nicht mehr. Das war viel, viel zu gefährlich.«

»Nein nein, sie tun das immer noch«, sagte ich.

»Entschuldigen Sie, aber es ist bestimmt schon einige Jahre her, dass man das zuletzt gesehen hat«, beharrte sie.

»Dann drehen Sie sich doch bitte einmal um«, entgegnete ich.

Hinter ihr raste ein Zug vorbei, der obenauf randvoll mit Menschen bepackt war. Die dunklen Männer in den hellen Baumwollhemden saßen kreuz und quer durcheinander und hielten sich fest, so gut es ging.

»Donnerwetter«, sagte sie, aufrichtig überrascht, »das erstaunt mich jetzt doch sehr. Vor allem, dass die Menschen ausgerechnet auf diesem Zug sitzen.«

»Warum ist dieser Zug besonders?«, fragte ich.

Sie deutete, während sie erklärte:

»Das ist ein elektrifizierter Zug. Können Sie nicht die Hochspannungsleitungen sehen, die von den Masten herunterhängen, damit sie die Eisenbügel des Zuges treffen, das sind die da ...«

Man muss wirklich arm sein, wenn man sein Leben riskiert, nur um ins Zentrum der Großstadt zu kommen. Aber so ist es vielerorts auf der Welt. Und ich finde, es ist durchaus zuträglich, das mit eigenen Augen zu sehen. Es gibt auf dieser Erde groteske Unterschiede zwischen Arm und Reich.

Das Absurdeste erlebte ich in Südafrika, wo mich nichts weiter als schusssicheres Glas von der schlimmsten Armut trennte, die ich in meinem ganzen Leben gesehen habe. Aidskranke Kinder, unterernährte Menschen, Menschen buchstäblich in Lumpen. Und das alles direkt vor meinem Fenster – während ich selbst am Vin de Constance des weltberühmten Weinguts Klein Constantia nippte. Ich hätte mich vor lauter Selbstekel übergeben können. Aber andererseits ist es gut, den Kontrast so intensiv zu erleben. Man beginnt das, was einem das Leben beschert hat, wertzuschätzen. Und man erinnert sich an seinen Nächsten, später, wenn man wählt und Geld für wohltätige Zwecke spendet.

Ich möchte meinen, das Fenster, aus dem ich hier im Kloster schaue, ist zwanzigmal gestrichen worden. Bestimmt zuerst von den Nonnen selbst – oft haben sie recht praktische Aufgaben neben den Gebeten. In Belgien brauen sie zum Beispiel gutes Bier. Also haben sie vielleicht auch eigenhändig dieses Fenster hier gestrichen? Seither ist es von den dänischen Verwaltern gestrichen worden, von italienischen Aushilfen oder auch einfach von Freunden des Hauses. Dicke Ölfarbe mit Beulen, Schicht auf Schicht auf Schicht, immer wieder, schwarz und glänzend, als wäre es hochglanzpoliert. Es ist bis dicht an die Scheibe gestrichen. Die mittlere Scheibe hat sogar einen Sprung. Der Draht des Moskitogitters draußen vor dem Fenster ist verrostet. An mehreren Stellen ist in meinem Zimmer der weiße Putz von den Wänden gefallen. Als ich meinen guten Anzug in den Schrank hängen will – ich habe ihn mitgenommen, falls ich in dem stets gut gekleideten Italien einmal ein Restaurant besuchen möchte –, streife ich damit an der Wand entlang. Er bekommt große weiße Flecken. Das ist keine billige Plastikfarbe an den Wänden hier. Das ist Kalk.

Auf der ganzen Welt die billigste Methode, Häuser zu streichen – pulverisierter Stein, in Wasser aufgelöst.

Ganz anders sieht es in mir aus, wenn sich die Erinnerungen an den Luxus in den Zügen der Welt um die Plätze streiten. Im Großen und Ganzen gehörten alle Reisen in die teure Kategorie. Unter anderem deshalb, weil die ganz billigen Zugreisen versicherungstechnisch ein Problem für Journalisten darstellen können. Insofern wurde es eine Reise um die Welt erster Klasse.

Auch wenn die Reise zwischen Kopenhagen und Frederikshavn vielleicht nicht unmittelbar luxuriös wirkt, so muss man sagen, dass die Dänische Eisenbahn im internationalen Vergleich auf manchen Gebieten gewinnt. Hervorzuheben ist besonders das dänische Design. Die durchgestaltete Schrift auf den Bahnhöfen, die eleganten und bequemen Sitze, die leichten und klaren Linien. Außerdem ist es, verglichen mit den Coupés in vielen anderen Ländern, in dänischen Zügen bemerkenswert still. Nur in Japan – und eigenartigerweise auch in Spanien auf der Strecke zwischen Sevilla und Barcelona – ist es genauso still wie in einem Wagen mit Ruhezone hierzulande. Aber bei Service und Essen liegt Dänemark nicht weit vorn. Beim Service im Zug stehen wir sogar ganz hinten, draußen auf der Plattform ...

Im japanischen Shinkansen erlebt man die Zugfahrt als Luxus an sich. Blitzschnell von A nach B zu kommen ist in einem Land voller Berge und Täler Luxus. Aber darüber hinaus zeigt sich, dass auch Körpersprache Luxus sein kann. Man fühlt sich unbeschreiblich gut behandelt, wenn der Schaffner sich vor einem verbeugt, nachdem er die Fahrkarte kontrolliert hat. Und dann wartet der Shinkansen mit einer Eigenart auf – man muss sich sein Essen selbst mitbringen. Aber die Verpflegung, die man auf den Bahnhöfen bekommt, ist ohnegleichen und gehört mit zum leckersten Fastfood der Welt. Es gibt Sushi, es gibt Fleischgerichte, es gibt Süßes. Alles von professionellen

Köchen an Ort und Stelle zubereitet. Und als *obento* gedacht. *Obento* ist die japanische Ausgabe der altmodischen Brotbüchse, die uralten Traditionen folgt. Man stellt Essen so her, dass es sich bequem transportieren und verspeisen lässt, ohne dass es peinlich wirkt. Wenn man dazu dann einen guten kräftigen Sake trinkt, während draußen eine der modernsten *city scapes* der Welt vorbeizischt, ist das fast des Guten zu viel.

Uniformen sind in Zügen wichtig. Und in der Schweiz achtet man darauf, dass die Kellner in den, ich würde sagen, weltbesten Standardspeisewagen so gekleidet sind, als säße man in einem guten Restaurant. Dabei wirkt es schon fast absurd, wie das eigentliche Zugfahren aus dem Blickfeld eliminiert wird, wenn man in einem Speisewagen isst. Das Ganze soll genau so sein, als stünde man mit beiden Füßen auf festem Grund. Und im Glacier Express, mit dem ich in der Schweiz fuhr, geben sich deshalb die Kellner die größte Mühe, ein wirklich gutes Restaurant bis hin zum hohen Niveau des Servierens zu imitieren.

Luxus kann auch etwas anderes sein als ausgezeichnete Qualität. Auch die schiere Quantität des Angebots kann ihn ausmachen, massiv und unstrukturiert dargebracht. Auf der enorm touristisch ausgelegten Zugstrecke zwischen der Provinzstadt Cusco und den geradezu magischen Ruinen von Machu Picchu hoch oben in den Anden tut das Zugpersonal alles, um die drei Stunden – so lange dauert die Fahrt – schnell vergehen zu lassen. Es gibt Sandwiches, Mürbeteiggebäck, frisch gebrühten Kaffee, Modenschau, Gesang, Darbietungen einheimischer Tänze und die Möglichkeit, Souvenirs oder Hüte, Eis, Mineralwasser, Aufkleber, Bier, Tee zu kaufen. Bis der Zug schließlich spät am Abend wieder im Bahnhof von Cusco hält, haben etliche Reisende ordentlich viele Kokablätter gekaut. Einfach, um dem Druck standzuhalten.

Wenn man im Norden Zug fährt, ist Luxus beinahe ein Fremdwort. Man fährt halt. Die Menschen bringen ihr Essen selbst mit. Und trotzdem. Schließlich ist Luxus vieles. Im Norden ist Wärme ein Luxus. Und so kann man in den norwegischen Bahnhofskiosken – sie heißen immer Narvesen – stets Hotdogs bekommen, und oft kann man zwischen erstaunlich vielen Sorten Wurst, Brot und Beilagen auswählen. In der schwedischen Entsprechung, dem Pressbyrån, besteht das Angebot aus einer Zimtschnecke und einer Tasse irre starken Kaffees für 15 Schwedenkronen. In Finnland ist Kaffee fast so etwas wie eine Leidenschaft – die Finnen trinken pro Kopf weltweit den meisten Kaffee –, und in allen Bahnhöfen findet man eine große Auswahl.

In den USA ist es der persönliche Service, der beeindruckt. Die USA gehören zu den Orten auf der Welt, wo der Kunde tatsächlich recht hat – wie auch immer. Man bekommt, was man haben will; man muss nur fragen. Alles gibt es mit oder ohne, mit extra, mit weniger oder mit allem – sehr gern *on the side*. Für das Geld gibt es ein Lächeln, wird die Tür aufgehalten und: »Soll ich nicht auch Ihren Koffer nehmen, Sir? Please?«

In China versucht man, Luxus vorzutäuschen. Aber China ist und bleibt ein armes Land, und das Land ist geprägt durch die unbegreiflich vielen Menschen, die das teilen müssen, was nicht vorhanden ist. Selbst wenn es richtig fein sein soll, ist es irgendwelcher alter Plunder. Und je intensiver sich jemand bemüht, es noch feiner zu machen, umso unechter wird es. Der größte Luxus ist in China deshalb das einzig Unverdorbene, dem man in den Zügen begegnet, und das sind die Menschen. Sie sind ungewöhnlich entgegenkommend und offen. Und das ist doch Luxus in diesem Teil der Welt, in dem man sich mit der Überbevölkerung annähernd umbringt. Es gibt eine Milliarde Chinesen. Und trotzdem wollen sie wissen: Hast du Geschwister? Denn das ist in China Luxus.

In Australien machen die enorme Freundlichkeit und der Wein den Luxus auf Reisen aus. Ich bin bisher noch nirgendwo auf der Welt gewesen, wo die Menschen so heiter und nett und angenehm waren wie in Australien. Es ist tatsächlich schwer zu beschreiben, so auffällig ist es. Vielleicht lässt sich zur Erklärung anführen, dass ich tatsächlich einmal wünschte, dort geboren zu sein – weil man dort einfach *sein* kann. In Australien freuen sich die Menschen nämlich, dass noch andere da sind. Ohne die anderen könnte man keinen Reifen wechseln, kein Stück mitgenommen werden oder die Kisten wegschaffen. Ohne die anderen käme man nicht zurecht.

Am Mittelmeer ist die Wärme der Luxus. Nicht nur diese zundertrockene Hitze wie im spanischen Sevilla, nicht nur die schweißtreibende Sonne wie in der französischen Provence, nicht nur die siedende Hitze wie in der italienischen Campania. Nein, die menschliche Wärme habe ich als Luxus empfunden. Eines Abends bummelte ich durch die Gassen der Provinzstadt Salerno, ich suchte ein Lokal, wo ich einen Teller Pasta essen könnte. Schließlich gab ich auf und fragte einen Mann, der an mir vorbeiging, ob er nicht ein gutes, billiges Restaurant wüsste.

»Klar«, sagte er, »komm mit«, und machte auf dem Absatz kehrt.

Zehn Minuten lang ging er statt in die geplante Richtung in die entgegengesetzte, nur um mir ein Restaurant zu zeigen, das neben dem Dom von Salerno liegt. Erst als ich vor der schweren Holztür stand, streckte er mir beide Hände zum Abschied entgegen. Was hätte wohl ein älterer Mann in Dänemark gemacht? Es ist dieses Extra an Zeit, an Aufmerksamkeit, an zwischenmenschlichem Kontakt, von dem wir sprechen, wenn wir sagen, die Südländer seien wärmer, herzlicher. Das Soziale ist stets präsent. Es schwebt über allem. Es ist etwas, das einfach da ist – und das bleiben wird.

Wenn das stimmt, kann es kaum wärmer werden als in Kapstadt in Südafrika. Die Menschen in Kapstadt sind ausgesprochen bemüht. Aber sie sind das auf eine bestimmte Weise.

Sie sind um den anderen bemüht wie die Menschen in Perth — oder in Skagen. Wenn man in den äußersten Randgebieten lebt, ist man gezwungen, sich mehr füreinander zu interessieren. Und man muss sich einfach ordentlich umeinander kümmern. In Kapstadt laufen die Einheimischen um die Wette für den Service ihren Gästen gegenüber. Gleichzeitig herrscht dort eine enorm entspannte Atmosphäre. Das zeigt sich unter anderem darin, dass Kapstadt eines der führenden Ferienziele für Homosexuelle ist. Hier können sie endlich einfach sie selbst sein. Also kommen sie. In Scharen. Und aus demselben Grund zieht Kapstadt auch die afrikanischen Schwulen des gesamten Kontinents an. Ich habe es erlebt, als ich dort meinen Pass vorzeigen musste. Der schwarze Mann in Uniform zwinkerte mir dreist mehrfach zu, als er zwischen meinem Passfoto und mir hin- und hersah — schließlich meinte er:

»Wow! Was für ein schicker Anzug!«

Sind Homosexuelle an einem Ort dermaßen überrepräsentiert, heißt das nichts anderes als: Wenn es denen dort gefällt, gefällt es allen. Das ist der Vorteil. Alle können sich so geben und so sein, wie sie wollen. Sind die Normen erst einmal gekippt, dann ist das Multikulturelle zur Realität geworden.

Wenn ich sage, dass in Indien der Service der eigentliche Luxus ist, kommt es mir vor, als wiederholte ich mich. Aber das tue ich nicht, denn Service beinhaltet vieles. Und der indische Service verdiente fast ein Kapitel für sich. In erster Linie sind es *viele* Menschen, die einem in Indien helfen. Diener sind überall, und sie sind auf eine so stolze Weise servil, dass kein unangenehmes Gefühl entsteht, sondern der Gast wirklich froh ist — und genau darin liegt das Bestreben der Inder. Im Übrigen werten die Inder die Gäste gewissermaßen auf, sodass sie sich wie Prinzen und Prinzessinnen fühlen. Man kann nicht aus dem Zug steigen, ein Restaurant betreten oder an Bord eines Flussdampfers gehen, ohne einen roten Punkt auf die Stirn zu bekommen, über zierlich ausgestreuten Sand zu schreiten oder an einem rasselnden Orchester von Einheimischen vorbeizugehen, das zeigt, was es kann.

Die Idee des Exotischen, des Fremden, setzt etwas unverkennbar heimisch Anmutendes voraus. Man kann nur dann den Wilden begegnen, wenn man sich selbst als zivilisiert versteht. England ist das Herz der Kolonisierung der Dritten Welt durch die westliche Zivilisation. Wenn man in dem von Architekten durchgeplanten und entworfenen Bath sitzt und seinen *afternoon tea* einnimmt, kann man spüren, dass man »zu Hause« ist. Luxus in England ist deshalb einfach die Steigerung des Wohlbekannten. Tatsächlich kann man hier, in den alten Wagen des Orient-Express, die Idee von Luxus am besten spüren. Alles ist so, wie es sein muss. Nur viel feiner, viel eleganter, viel teurer, viel exquisiter. Es ist zu viel des Guten. Und das ist ja bekanntermaßen nur gut so.

Oder doch nicht? Es ist Mittag, ich habe gerade im Speisesaal des Klosters gegessen. Weißes Brot, etwas Wurst, etwas Käse. Wasser aus der Wasserleitung. Und ich muss – immer wieder aufs Neue – feststellen, dass es das ist, was mich am glücklichsten macht.

Glück ist, zumindest für mich, das genau Passende, nicht zu wenig, nicht zu viel. Überfluss fließt eben über. Überfluss ist immer Ausdruck von Verschwendung. Ist Luxus dazu verurteilt, in einer Abflussrinne zu enden?

Die süßen Südstaaten

New York – New Orleans, Juli 2005

»Curt Clementine« klärt das kleine Messingschild auf dem breiten Brustkorb auf. Das Lächeln ist ebenfalls breit. Und der Akzent ist noch breiter.

»Misser Djenzen! You djus de maan ar been waitin' four! Aaarm … Now arma show ya everthang 'bout ya train!«

Nicht nur der Ton des Südstaatenakzents strahlt Wärme und Aufmerksamkeit aus, sondern auch die musikalische Körpersprache, die großen Hände, die leicht schwülstige Uniform. Als wäre Curt der Löwe mit dem großen Herzen aus dem Horoskop. Als wäre er ein Ersatz für meine Mutter. Als wäre er geboren, um andere zu bedienen. Oder vielleicht ist er einfach nur die männliche Ausgabe einer großen Negermami mit üppigem Busen.

Erst später – und zwar genau zwei Tage später, als ich in der siedenden Hitze der Südstaatenstadt New Orleans in Louisiana stehe – begreife ich das richtig. Es heißt, das Verhältnis zwischen Schwarzen und Weißen sei in New Orleans fifty-fifty. Und es stimmt schon, dass es von beiden gleich viele gibt. Aber irgendwie ist das nicht die ganze Wahrheit. Denn in New Orleans sind alle schwarz, auch die Weißen. Und alle sind weiß, auch die Schwarzen. Alle sind wild, warm, üppig, lebhaft, jazzig. Aber alle sind auch zivilisiert, gebildet, höflich, klug, präzise. Und keines der Attribute scheint mit der Farbe zu tun zu haben. Jeglicher Rassismus scheitert. Der servile Barkeeper im Hotel ähnelt einem Italiener. Der Taxifahrer ist Lateinamerikaner aus Florida.

Das steckt auch in der Art, zu reden. In der Art, wie sie die amerikanische Sprache brummen, biegen, drehen. Als Curt im Abteil kniet, als wäre er mein privater Boy – oder vielleicht eher, als wollte ich ihn zum Ritter schlagen – und er den Service an Bord des Zuges erklärt, erinnert mich sein Sprachduktus an eine Predigt in einem Gospelgottesdienst.

»Gibt es irgendetwas, was Ihnen fehlt? Gibt es irgendetwas, was Sie brauchen? Gibt es irgendetwas, was Sie haben wollen? Dann rufen Sie einfach, und ich komme gelaufen. Es kann dauern, aber ich komme gelaufen – ich bin immerzu im Zug unterwegs, hin und her, rauf und runter, vor und zurück. Aber ich komme gelaufen, sobald Sie rufen. Alles klar?«

Curt ist der klassische Porter, wie es sie traditionell in amerikanischen Zügen immer gegeben hat. Das Leben eines solchen Trägers ist in der Literatur so gut wie nie beschrieben worden – man hört immer nur von den Passagieren. Und einer der Gründe ist vermutlich, dass die meisten Träger seit Anbeginn Schwarze waren. Der Schriftsteller und Journalist Larry Tye publizierte 2004 das Buch *Rising from the Rails* – eines der ganz wenigen Bücher, das über die Porter geschrieben wurde. Auf der Rückseite wird der Inhalt des Buches zusammengefasst:

»Von den Sechzigern des 19. Jahrhunderts, damals, als George Pullman als Erster schwarze Amerikaner in seinen luxuriösen Schlafwagen beschäftigte, bis in die Mitte des 20. Jahrhunderts, als der Betrieb der Schlafwagen eingestellt wurde, hatte der Pullman-Porter einen der besten Jobs, den ein Schwarzer haben konnte, aber an Bord eines Zuges den schlimmsten. Er war Großmutter und Aufpasser, Babysitter und Arzt, Concierge und zwischendurch Leichenbitter für ganze Wagenladungen von weißen Passagieren. Seine bloße Existenz umfasste die gesamte Romantik der Eisenbahn. Aber hinter dem ewigen Lächeln des Trägers auf diesen langen Reisen, die ihn von seiner Familie trennten und ihn mit der privilegierteren Kultur der Reisenden konfrontierte, verbarg sich ein täglicher Kampf um die Würde. *Rising from the Rails* zeigt das paradoxe Leben des Pullman-Porters und schreibt nicht zuletzt ein fehlendes Kapitel der amerikanischen Geschichte.«

In Tyes Buch kann man unter anderem einige der Geschichten von Zugreisen nachlesen – und von Zugreisenden –, die ihm die alten Männer erzählten, die der Autor für sein Buch interviewte. Eine davon berichtet, dass Humphrey Bogart enorm gute Trinkgelder gab. Eine andere erzählt von Seabiscuit, dem Rennpferd. Es sei in einem umgebauten Wagen gereist, der mit dem feinsten Stroh ausgestattet wurde, das sich auftreiben ließ. Die schwarzen Träger erzählten auch von ihrem harten Leben. Und vom Rassismus. Pullman stellte am liebsten »rabenschwarze« Porter ein. Denn die Farbe machte unmissverständlich die »soziale Trennung« deutlich, die so entscheidend dafür war, dass die Porter »in verantwortlicher Weise« mit den weißen Passagieren umgehen konnten.

Die Reise von New York nach New Orleans, von The Big Apple nach The Big Ease, ist wahrhaftig eine Reise in den Mahlstrom der Rassenkonflikte. Aber der Süden ist ja nicht nur trist. »O, amazing grace – how sweet the sound«, wie sie mit schleppenden Stimmen in dem alten Lied singen, das in gewisser Weise die ganze Geschichte des Südens besser zusammenfasst als irgendetwas sonst. Als ich nach New York City kam, fand ich das schöne Lied auf einer CD bei Tower Recordsam Broadway. Es war auf einer CD mit lauter Gospels aus den Südstaaten. Vielleicht ist das Lied so verbindend, weil es um 1765 ein kreideweißer Engländer namens John Newton geschrieben hat. Eigentlich heißt es »New Britain – Amazing Grace«, aber seit der Mitte des 19. Jahrhunderts blieb davon »Amazing Grace«. Das Lied vom Ankommen im Süden ist dasselbe:

Amazing grace, how sweet the sound
That sav'd a wretch like me!
I once was lost, but now am found,
Was blind, but now I see.

Ähnliches empfinde ich in meinem Verhältnis zu Curt. Zum ersten Mal bei meinen vielen Zugreisen spüre ich etwas von der Stimmung, wie sie bei den altehrwürdigen Bahnfahrten geherrscht haben mag: die besteht nicht allein aus Service und Luxus im geläufigen Sinn, sondern aus wirklichem Umsorgtwerden und dem Bedürfnis, sich nützlich zu machen. Der Gedanke ist nicht ganz legal und riecht nach Rassismus. Und dennoch legt Larry Tye in seinem Buch darüber Zeugnis ab — fast fünfzig Jahre nachdem die echten Pullman-Porter verschwunden sind. Heute kann man hier eine modernere, eine mehr funky Ausgabe der alten Tugenden erleben. Der Körper sportlicher, trainierter, die Frisur frecher, der Eifer reifer.

Bei Tower Records fand ich noch eine zweite CD. »Soul Gospel« stand auf dem Cover, auf dem eine sehr junge Sängerin namens Odetta mit akustischer Gitarre sitzt. Die CD ist traumhaft. Odetta singt von den »großen Weiten« des Südens. Ich stehe mit den riesigen Kopfhörern bei Tower Records und höre, dass Dorothy Morrison »nicht ohne dich weitermachen kann«. Dass Bobby Bland seine Ex bittet, ob sie »sich nicht doch wieder zusammentun« sollten. Irma Thomas — eine Ikone dieser Musik mit dem kräftigen Piano, die sich auch *New Orleans Soul* nennt — singt ihr Lied »unter Tränen«. Und The Sweet Inspirations, schon Elvis Presleys Begleitchor, glauben, dass »jeder Tag zum Feiertag wird, wenn du nur wieder nach Hause kommst«.

Bei Curt gibt es das alles, verpackt in ein verschwitztes Hemd. Er erzählt mir, dass es zwei Speisewagen und einen Loungewagen gibt, wo ich gemütlich sitzen kann. Die herzliche Stimmung, die er schafft, vermittelt ein phantastisches Gefühl von Geborgenheit; eine eigene Mischung aus familiärer Umarmung, Servilität und Zurechtweisung, stets freundlich, aber bestimmt. Er leiert herunter, der Speisewagen öffne um fünf Uhr, und der Loungewagen werde kaum geöffnet haben, ehe er mit dem Eis für den Apfelsaft zurückgekommen sei, der weiter unten auf dem Gang steht. Und sonst soll ich einfach rufen. Alles klar?

Als der Zug aus der Penn Station in New York City gerollt ist, fahren wir gar nicht lange, da halten wir auch schon wieder, dieses Mal in Newark Penn Station. Ich werfe meine *New York Times* auf den Sitz. Die kann ich später lesen. Jetzt will ich einfach die Aussicht genießen und Musik hören. Durch einen grandiosen Zufall ist »Leaving New York« von R.E.M. der erste Song auf meiner Liste, die ich »USA« getauft habe. Mike Stipe klingt wie ein ewiger Student. Aber seine Worte könnten meine sein – nach vierundzwanzig Stunden in der Mutter aller modernen Großstädte.

»Es ist nie leicht, New York zu verlassen ... Es reißt mich in Stücke ...«

Mein silbergrauer iPod-mini liegt auf dem kleinen Klapptisch. Ich trinke Coca-Cola. Es ist paradox, aber sie musste nach New York importiert werden, und zwar aus dem großen Werk in Louisiana, wohin ich gerade fahre. Ich schaue auf das kleine Ding. Gestern wurden zwei Fünfzehnjährige festgenommen, weil sie einen Gleichaltrigen in der Subway niedergestochen haben. Der Junge hatte sich geweigert, ihnen seinen iPod zu geben. Das hat ihn das Leben gekostet. Aus irgendeinem Grund habe ich drei schwarze Jungen vor Augen. Aber sie konnten doch sicher genauso gut weiß gewesen sein? Oder braun?

Als ich an die Episode denke, fallen mir Menschen aus meinem Bekanntenkreis ein, die in New York City Gewalt ausgesetzt waren. Zum Beispiel der Pressefotograf, dem sie ein Messer an die Kehle setzten und ihn mit seinem kleinen Bruder von Geldautomat zu Geldautomat schleppten. Meine Kommilitonin, die jemand zu vergewaltigen versuchte und die sich seither nicht mehr so richtig sicher fühlen kann. Und mein Lehrer, der einen kalten Ring im Nacken spürte, als ihm gesagt wurde, er solle sich auf den Bauch legen und schweigen. »Dreh dich nicht um, sonst muss ich dich erschießen.« Der Mann nahm sein Geld, befahl ihm, mit geschlossenen Augen zehn Minuten liegen zu bleiben, und ging seelenruhig weg. Und trotzdem tut es mir leid, dass ich New York City verlassen muss – ausgerechnet an diesem Tag. Es ist nämlich der 4. Juli. Amerikas Unabhängigkeitstag, an dem es traditionell überall in New York Paraden, Feuerwerk und Konfetti gibt.

Die USA sind polarisiert. Es gibt weiße Werte und schwarze Werte. Es gibt die Gewalt auf der Straße und den Krieg im Irak. Es gibt den Bibelgürtel voller Baptisten und den Geldgürtel voller grüner Dollarscheine, die nicht riechen – egal was. Es gibt jedes Mal Angst und Hass und Feindseligkeit und wütendes Geschrei, wenn ich mit meiner kleinen Kamera schnell ein Foto machen will. Und andererseits ist da auf dem Kennedy Airport der Mann, der meinen Koffer auf dem Transportband aufrecht hinstellt, damit er leichter herunterzunehmen ist. Draußen der Mann, der die Preise für die Strecke vom Flughafen zum Hotel ausrechnet und einen kleinen Zettel ausdruckt, damit mich der Taxifahrer nicht übers Ohr hauen kann. Und als ich mir einen Burger kaufen will, gibt es sieben Sorten Käse – und ob ich nicht auch die Pommes frites dazu haben will, für die das Lokal berühmt ist? Sie sind in Öl gebraten! Da ist der spanisch sprechende Taxifahrer, der mich um 2 Uhr in der Nacht zu einem Diner fährt, der an sieben Tagen in der Woche und an 365 Tagen im Jahr 24 Stunden lang geöffnet hat. Ja, und dann ist da Curt Clementine und sein »Everthang gooooood in number 47, Sir?«.

Amtrak-Zug Nummer 19 – auch bekannt als »The Crescent« – hält in Trenton Station. Wir arbeiten uns langsam die
gesamte Ostküste hinunter. Wir werden unter anderem durch
New Jersey, Maryland, Virginia, North Carolina, South Carolina, Georgia, Alabama und Mississippi fahren, bis wir schließlich nach Louisiana kommen. Mein iPod ist jetzt bei einem
schweren Blues mit Albert King angelangt, der »unter einem
schlechten Zeichen geboren ist, und wäre da nicht mein Unglück gewesen, hätte ich überhaupt kein Glück gehabt«. Ein
anderes Mal muss ich unbedingt nach Chicago fahren und
Blues hören, der so schwarz und sexy ist wie Lou Rawls'
Stimme, selbst wenn die natürlich *blue* ist.

Philadelphia Station. Ich schreibe in mein privates kleines
Notizbuch. Der Bahnhof ist pechschwarz. Ich lösche in meiner
privaten kleinen Kabine mit eingebauter Toilette und Wasch-
becken das Licht und schalte Simon & Garfunkel ein. Sie singen »America«. Mein Freund Ole bestand darauf, dass ich diesen Song mitnehme. Zwischendurch geht mir durch den Sinn,
dass mir jedes Mal, wenn ich in die USA komme, ein ganz
eigener Duft auffällt. Eine etwas synthetische Süße, so ähnlich
wie das Kaugummi Wrigley's Extra Pink.

Gerade wurde zum ersten Mal zum Abendessen aufgeru-
fen. Über Lautsprecher will uns Hector – so heißt der freundliche New Yorker Kellner, wie ich später erfahre – mit dieser
dekadenten und lispelnden Intonation der Schwulen »praktisch alle nur daran erinnern, dass Amtrak praktisch an jedem
Tisch im Speisewagen Menschen in Vierergruppen zusam-
mensetzt und dass man so praktisch auf wunderbare Weise
neue Freunde kennenlernen kann.«

Ich gehe jetzt noch nicht zum Essen, ich warte noch.

Es ist 17.40 Uhr, als der Schaffner bekannt gibt, dass wir
nun in Washington D. C. angekommen sind, wo wir eine
knappe Stunde halten werden, »falls jemand bei der Gelegenheit aussteigen und sich die Beine vertreten möchte«.

Um 18.48 Uhr kommt es dann. Ich hatte eigentlich geglaubt, das gäbe es nur im Film.

»Aaaaaaaaall abooooooooooooooooard!«

In dem kleinen Abteil hinter meinem sitzt eine schwarze Frau und rappt. Ich selbst versuche Luft zu bekommen. Es ist schon sehr warm. Der Zug hat gerade Washington verlassen. Ich bin da gewesen, kann ich jetzt sagen, und ich habe es sogar geschafft, mich dort für die planmäßige Reisedauer von dreißig Stunden und fünf Minuten mit Proviant zu versorgen. Ich habe eine *Washington Post* gekauft, eine Nummer des *Time Magazine* – eine Sondernummer zum Unabhängigkeitstag; zwei Tüten gesalzene Cashewnüsse, vier Diet Coke, eine 200-Milliliter-Flasche Jack Daniel's Tennessee Whiskey. In einem der Buchläden von Dalton Booksellers' empfahl mir eine studentische Aushilfe mit grüner Schürze William Faulkner, wenn ich die Mentalität der Südstaaten erleben wolle. Er hatte in einem Universitätskurs zur Südstaatenliteratur alles von Faulkner gelesen. Faulkner war aus Mississippi. »*As I Lay Dying* ist ein sehr ernstes, aber irgendwie auch sehr witziges Buch«, sagte er. Mal sehen. Ich kann mich plötzlich nicht mehr erinnern, ob Faulkner eigentlich weiß war. Ich glaube schon. Also hätte ich vielleicht ein Buch von Alice Walker kaufen sollen? Sie ist schwarz und schrieb den Roman *Die Farbe Lila*. Vor mir liegen ein gemeinsames Essen mit unbekannten Menschen, fast vierundzwanzig Stunden Zugfahrt und ein Ziel, an dem die Temperatur gestern die Neunziger erreichte, wenn man in Fahrenheit spricht. Und das tut Curt Clementine, denn er ist mitten in New Orleans geboren und aufgewachsen. Sogar im schwärzesten Teil der Stadt, im sogenannten French Quarter.

Die *New York Times* bringt mehr Details zum iPod-Mord. Sobald bei Reportagen Namen und genaue Einzelheiten dazukommen, wird es unangenehm. Christopher Rose wurde in Brooklyn von Darran Samuel und Daryl Stephen zweimal mit dem Messer in die Brust gestochen. Immer noch kein Wort darüber, welche Farbe sie hatten – oder der iPod. Der normale ist weiß. Auf den einzigen schwarzen, den man kaufen kann, ist schon von vornherein irische Musik von U2 eingespielt. Was auch immer das heißen mag.

Aus Anlass des amerikanischen Unabhängigkeitstags steht in der Zeitung auch ein Artikel über Hamburger. In Dyer's Burgerbar in Memphis wird das Fleisch in neunzig Jahre altem Öl gebraten. Als das Lokal umzog – aus einem Schuppen mit zwei Eingangstüren, der aus der Zeit stammte, als es im Süden die Rassentrennung gab –, nahm man das Öl mit. Bewaffnete Aufpasser begleiteten den ganzen Umzug. Das erinnert mich daran, dass uns Curt einschärfte, alle Schusswaffen müssten angemeldet werden.

»Bei Amtrak kann man nicht einfach mit seinen Schießeisen rumfuchteln, weder in den Abteilen noch im Speisewagen.«

Es ist 21.50 Uhr. Vor kurzem sah ich da draußen in einer Straße mit Einfamilienhäusern ein kleines Mädchen, das ein Feuerwerk veranstaltete. Ihre Eltern standen daneben und klatschten. Ich trinke Jack Daniel's und genieße das Alleinsein, die Stille, die Dunkelheit. Gerade habe ich zusammen mit Liz Jones gegessen. Wir waren nur zu zweit. Das Gespräch war eine wunderbare Geschichtsstunde – nur live. Elizabeths Eltern waren Deutsche, aber sie kamen vor dem Zweiten Weltkrieg in die USA. Als der Krieg ausbrach, hatte ihre Mutter noch keine amerikanische Staatsbürgerschaft, sodass sie plötzlich »Feind« war. Ihre sehr hellen blauen Augen sahen aus, als könnte sie jeden Augenblick in Tränen ausbrechen.

»Der Nachrichtendienst durchsuchte unser Haus vom Keller bis zum Boden. Als sie ein Kurzwellenradio fanden, nahmen sie es mit, obwohl es nicht funktionierte.«

Ich proste meiner eigenen Unabhängigkeit zu. Draußen vor dem Fenster geht Amerika schlafen.

Es ist 9.53 Uhr, und ich schreibe und lese abwechselnd. Als

ich aufwache, sehe ich, dass jemand die Zeitung *USA today* unter meiner Tür durchgeschoben hat. Curt hat gerade mein Bett abgebaut, und er hat Eis für unseren Orangensaft geholt und Mineralwasser, und er soll für die Dame nebenan Cola besorgen, und er war gerade im Speisewagen, um zu hören, ob ich noch Frühstück bekommen könnte.

»Aber die haben gesagt, Frühstück, das gibt es nur bis 9.30, und da habe ich gesagt: ›*O, my goodness!*‹«

Draußen vor dem Fenster ist inzwischen alles üppig und grün. Und rot. Die Erde ist lehmig und fremd. Die Bäume sehen aus wie große Redwoods, aber ich bin nicht sicher, ob es tatsächlich welche sind. Alle Stämme sind mit Schlingpflanzen bewachsen. Das Wasser des Flusses, der manchmal direkt neben den Schienen herfließt, ist rotbraun.

Wir sind gerade in Alabama eingefahren, und alle stellen ihre Uhren von 10.34 Uhr Eastern Time auf 9.34 Uhr Central Time. Immer weiter diese grüne Landschaft. Mein iPod spielt Talking Heads. Der Song heißt »This must be the place«. Der Text ist sanfter New-Yorker-Buddhismus. »Zuhause ist der Ort, wo ich am liebsten sein möchte. Aber da bin ich doch schon?« Wir sind gerade am ersten Sumpf auf dieser Reise vorbeigefahren. Ich sehe zum ersten Mal in meinem Leben einen Sumpf. Ich weiß nicht einmal mehr, in welchem Staat wir jetzt sind.

»Alabama, kurz vor der Einfahrt nach Birmingham«, sagt der Schaffner routiniert und liest in dem kleinen Abteil des Personals weiter seine Zeitung.

Als es an diesem 5. Juli 13.38 Uhr wird, sitze ich zum Mittagessen einem amerikanisch-kanadischen Ehepaar gegenüber. Den Namen der Frau erfahre ich nicht, aber der Mann heißt Bruce, er kommt aus Kanada. Sie ist Neurologin und wirkt wie eine Europäerin, ohne dass ich sagen könnte, warum. Er macht vor allem den Eindruck, als käme er aus Kalifornien, und er ist »ein Computertyp auf so einem irre hohen Niveau«, wie er selbst es ausdrückt. Das Essen ist gut und total abgefahren: Cheeseburgers und Cola. Bruce rechnet in Nanosekunden im Kopf zwischen Celsius und Fahrenheit hin und her. Er erinnert sich, berechnet, erklärt und spricht über alles mit einer übertriebenen Präzision, und wenn er die Zahlen herausfischt, verdreht er ein bisschen seine großen, offenen graublauen Augen hinter den dicken konvexen Brillengläsern. Bruces Frau ist genauso. Sie kennt zum Beispiel die Pflanze, die überall wächst.

»Die heißt Kudzu und wurde zu Anfang des 20. Jahrhunderts aus Japan importiert, ursprünglich, um in den Südstaaten die Erosion aufzuhalten, also die horizontale Bewegung der Erdmassen, also Erdrutsche. Sie wächst am Tag 32 Zoll, und du solltest nie lange irgendwo still stehen – dann wächst sie nämlich einfach über dich weg.«

Als Bruces Frau hört, dass ich aus Dänemark komme, hellt ein breites Lächeln ihr Gesicht auf. Sie hat nämlich einmal drei Monate in Århus gewohnt und kann sich an ein sehr altes Wirtshaus erinnern, »über tausend Jahre alt«. Und in Kopenhagen hat sie einen runden Turm gesehen, in dem es nicht einmal Treppen gab.

Bruce und seine Frau hassen George W. Bush.

»Der bringt es noch so weit, dass wir eines Tages alle umgebracht werden«, sagt Bruce, »und davor habe ich Angst.«

Seine Frau sagt, Bush könnte die ganze Welt auf sehr einfache Weise retten: Er müsste lediglich die Demokratie einführen – in Amerika!

Nach dem Essen lege ich mich hin. Erst lese ich ein bisschen, ehe ich in meinem Coupé ein Nickerchen mache. Als ich nach einer Stunde wieder aufwache, ist es urplötzlich, als wären wir nun im Süden. Draußen vor dem Fenster sind weiß gestrichene Holzhäuser, erstaunlich gut in Schuss, mit Veranden und Säulen zur Straße hin. Auf manchen Terrassen steht ein Schaukelstuhl, und ich kann mir gleich vorstellen, wie still und schön ein Sommerabend dort ist. Man würde sich wie in Onkel Toms Hütte fühlen oder wie einer der Jungen in der verrückten Südstaatenkomödie *O, Brother Where Art Thou*. Oder wie einer der namenlosen Charaktere, von denen Bill Monroe sang, der in den 1930er Jahren mit seinem Bruder Charles als The Monroe Brothers das amerikanische Volkslied neu erfand, das es an sich schon seit dem 17. Jahrhundert gab. Neu war die etwas modernere Interpretation, die man heute *Bluegrass* nennt. Zum Beispiel in dem Lied »I'm Blue, I'm Lonesome«, wo Billy johlt und heult und jodelt und die Worte dehnt und dabei auch noch virtuos Mandoline spielt. Er spielte Mandoline, weil er der Kleinste in seiner großen Familie war, sodass als Instrument nur noch die Mandoline übrig war, wenn er mit den anderen zu Hause spielen wollte. Aber es geht ja auch um seine Stimme, die von der Einsamkeit draußen auf dem Land sang:

Beim einsamen Seufzer eines vorbeifahrenden Zugs
bekomme ich Lust, stehen zu bleiben und zu weinen.
Ich erinnere mich noch immer an den Tag,
als du mir genommen wurdest.
Ich bin traurig
und ich bin auch einsam.
Wenn ich die Zugpfeife höre,
bekomme ich Lust, meine Habseligkeiten zu packen
und wegzugehen.

An der Meridian Station halten wir lange. Sehr lange. Ein Güterzug mit vier Lokomotiven an der Spitze fährt vorbei. Ich gehe hinaus und hole in der kleinen Bar des Wagens Eis. Als ich zurückkomme, gleiten immer noch Güterwaggons vorbei. Um 15.44 Uhr ruft uns Curt alle im Gang zusammen, weil er uns etwas mitzuteilen hat.

»Wegen eines Unwetters unten im Süden haben sie in New Orleans die Deiche geschlossen.«

Das Problem ist, dass New Orleans niedriger liegt als der Wasserspiegel des Flusses und des Meeres. Wenn es also viel regnet, ist die Stadt gezwungen, die Deichtore zu schließen, um nicht unter Wasser zu stehen. Aber das bedeutet, dass im Lake Pontchartrain das Wasser ansteigt, und zwar so, dass es die Eisenbahngleise bedeckt, die von den Brückenpfosten getragen werden und damit direkt unter der Wasseroberfläche liegen. Eine Durchfahrt ist somit unmöglich. Oder, wie Curt sagt:

»Wir machen das aus Sicherheitsgründen. Der Zug soll ja nicht mitten im See entgleisen, sodass ihr alle abkratzt, findet jedenfalls Amtrak.«

Wir dürfen gern für zwei Stunden im Zug sitzen bleiben. Aber wir können auch zusammenpacken und im Bahnhofsgebäude warten. Ich entscheide mich für Letzteres.

Draußen auf dem Bahnhof schlägt mir die Hitze des Südens entgegen, als würde ein grimmiger Eisenbahnarbeiter einen Vorschlaghammer schwingen. So etwas habe ich noch nie erlebt. Ich trete hinaus in eine sengende Hitze, die so feucht ist, dass man auf der Stelle asthmatisch wird.

»Bis wohin sind die Busse schon gekommen?«, fragt im Bahnhof ein behinderter Junge einen Sicherheitsbeamten.

Die Antwort klingt wie aus einem alten Western.

»I don't have no idea, boy. They don't know even where they comin' from.«

Wir warten.

Ich nehme mir ein Buch vor, das ich in New York gekauft habe. Es ist eine der alten Gedichtsammlungen von Allen Ginsberg. Die mit »Aunt Rose«. Es gehört zu meinen Lieblingsgedichten, weil in diesem Gedicht des jüdisch-amerikanischen homosexuellen Beatnik mit die klarsten Erinnerungsbilder der amerikanischen Literatur stehen. Als Journalist sollte ich Ginsberg übrigens einmal besuchen. Aber er war so krank, dass er absagte. Wenig später starb er an Leberkrebs. Zum

Glück ist seine Stimme bewahrt. Zum Beispiel, wie er das Gedicht »America« rezitiert.

»America, I've given you all and now I'm nothing«, heißt es da. Aber mir ist die knallharte Wahrheit in »Aunt Rose« noch lieber, während ich hier auf dieser harten grünen Holzbank sitze, in einem Bahnhofsgebäude zwischen lauter frustrierten Reisenden. Die könnten allesamt Tante Rose sein. So, wie sich Ginsberg aus seiner Kindheit an sie erinnert.

— *dein langes trauriges Gesicht*
die Tränen sexueller Frustration
(wie viel ersticktes Schluchzen und welch dürre Hüften
unter den Kissen von Osborne Terrace)
— damals, als ich nackt auf der Klobrille stand
und du mit Zinkspat meinen Schenkel gepudert hast
gegen den Nesselausschlag — meine zarten
und verschämten ersten Kringelhärchen
was hast du da insgeheim gedacht, wissend, dass ich bereits
ein Mann war — und ich als ahnungslose Tochter des
Familienschweigens auf dem dünnen Podest
meiner Beine im Badezimmer — Museum von Newark. ...

Ein kranker Mann mit Stock malt den Teufel an die Wand und vertraut seinem erwachsenen Sohn an, dass wir »vermutlich erst in einigen Tagen ankommen werden«. Eine schwarze alte Dame schüttelt den Kopf und sagt: »O Lord!« Sie erzählt, sie sei aus New Orleans und die Reise bis zu ihr nach Hause dauere mindestens noch drei Tage. Ein sehr dicker Mann versucht es mit entwaffnendem Humor: »Ihr wundert euch sicher alle, warum ich euch zu diesem Treffen zusammengerufen habe«, sagt er bitterernst und mit der Körpersprache eines Abteilungsleiters im mittleren Management. Zwischendurch kommen philosophische Ausbrüche von dem einen oder anderen, von wem, kann man nicht sehen. »Man weiß doch verdammt nie, wie der Tag zu Ende geht, also bleibt einem nichts übrig, als sich einzustellen auf – *whatever*!«

Ich packe Ginsberg weg und nehme mir ein anderes Buch vor. Es sind jetzt gut zwei Stunden vergangen. Immer noch keine Busse. Ich kann genauso gut ein bisschen in meiner Jazzgeschichte lesen, ehe ich nach New Orleans komme, wo selbst Begräbnisse wilde Jazzorgien sind. In meinem Reiseführer steht, dass Louis Armstrong der Sohn einer Prostituierten war und dass die Schwarzen in den alten Tagen keine Noten lesen konnten – denn sie durften überhaupt nichts lesen lernen. Deshalb waren sie darauf angewiesen, nach Gehör zu spielen. Und das ergab eine Menge Versionen derselben Melodien. Deshalb entwickelten die Musiker beim Spielen eine Meisterschaft darin, die Musik so zu variieren, dass sie immer einmal wieder zusammenfanden. Voilà! Damit waren die Improvisation und der Jazz geboren.

Um 18.15 Uhr kommt der Bus. In New Orleans sind wir erst gegen 22.00 Uhr. Während der Busfahrt – ich war hungrig, und es war dunkel und sehr warm – sitze ich dicht neben einer gewaltigen Negerdame, deren üppiger Körper dafür sorgt, dass meine rechte Seite warm bleibt. Die linke Seite ist kalt, denn der Busfahrer hat die Klimaanlage auf höchste Leistung eingestellt. In meinem iPod singt Clarence Smith »Sometimes I Feel like a Motherless Child«. Ein schöner Text, er passt gut zu der Wendung, die meine an sich so lineare Zugreise genommen hat.

Ich stehe hier an dieser Kreuzung
und weiß nicht, welchen Weg ich einschlagen soll.
Das alte Leben führte nie auf der Landstraße geradeaus.
Deshalb weiß ich, dass ich den Weg selbst finden muss.
Manchmal fühle ich mich ...

Wir fahren dreieinhalb Stunden, und mit jeder Meile, die wir zurücklegen, wird das Wetter wilder. Es ist fast Mitternacht, als wir in New Orleans ankommen – und es gießt in Strömen. Vornübergebeugt laufe ich vom Bus die fünfzig Schritte zu einem anderen Bus, um meinen Koffer zu holen. Oben im Hotelzimmer hänge ich alles zum Trocknen auf, meinen Sweater, meine Hose, mein T-Shirt, meine Unterhose, meine Sandalen und sogar meinen Gürtel. Alles – alles – ist nach diesen wenigen Sekunden im Regen tropfnass. Bei CNN nennen sie den Niederschlag *horizontal rain*, und die durchgeweichten Journalisten erzählen, über dem Golf von Mexiko habe sich ein Orkan namens Cindy aufgebaut, der nun in New Orleans das *Hurricane One*-Niveau erreicht habe. Sie sagen, die Windgeschwindigkeit liege bei über 70 Meilen pro Stunde. Ich bestelle Pizza und ein Bier, und meinen Vorsatz, noch in die Stadt zu gehen, gebe ich auf.

Am nächsten Tag herrscht in New Orleans eitel Sonnenschein. Keine Wolke ist am Himmel zu sehen, und windstill ist es auch. Ich bummle durch das French Quarter, wo ich in der Bourbon Street morgens um zehn Betrunkene erlebe, die nach karibischem Rum und Pisse stinken. Ich fahre zur St. Charles Avenue, um mir die alten Südstaatenvillen anzusehen. Das gestrige Unwetter hat das Leitungsnetz der Straßenbahnen völlig zerstört, deshalb fahren nur Busse. Und allmählich wird mir bewusst, was ein Orkan eigentlich ist. Überall liegen abgeknickte Palmen und andere Bäume. Glas, Betonbrocken, Stücke von diesem und jenem. Der Verkehr in der Stadt ist an mehreren Stellen völlig blockiert. Und in der Zeitung steht, zweihunderttausend Menschen seien ohne Strom. Als ich bald darauf die Stadt mit dem Taxi in Richtung Louis Armstrong Airport verlasse, sagt der Fahrer, der nächste Orkan – er heißt jetzt schon Dennis the Menace – werde binnen kurzem die Stadt treffen. Er persönlich habe sich vorgenommen, Verwandte zu besuchen, die weiter nördlich leben.

»Now, that sounds like a mighty fine idea to me«, singe ich mit echtem Südstaatenakzent.

Ich klinge fast ein bisschen wie dieser kreideweiße Mann, der sich als Curt Clementine vorstellte. Und erst da wird es mir mit einem Schlag bewusst: Zum Zugpersonal gehörte kein einziger Schwarzer. Aber unter den Passagieren waren viele Schwarze. Und nun bin ich vielleicht – auf diese eigentümliche, umgekehrte Weise – zu einem von ihnen geworden?

Ein Tisch für eine Person

Die meisten haben es irgendwann einmal in ihrem Leben erlebt. Man ist zum Beispiel Single und *will* unbedingt raus. Man ist allein auf Geschäftsreise. Oder allein auf einer Ferienreise. Man ist lediglich auf ein Essenserlebnis aus, aber genau an dem Tag, an dem man in diesem neuen angesagten Restaurant unbedingt Hühnchen in Vermouth kosten muss, hat gerade keiner Zeit, mitzukommen. Man betritt das Lokal, schaut sich suchend um. Der Kellner kommt auf einen zu, lächelt fragend.

»Ein Tisch für eine Person bitte.«

Ich habe, wie dieses Buch dokumentiert, sämtliche Erdteile bereist, bis auf die Pole. Und in dem Zusammenhang habe ich es selbstverständlich unzählige Male erlebt, auf die unterschiedlichste Weise: allein im Lokal zu sitzen und zu essen.

Problem Nummer eins, das immer auftritt, wenn man allein isst – jedenfalls zu Anfang –, besteht darin, dass die Situation als ausgesprochen beschämend erlebt wird. Ich las einmal eine wirklich plausible Analyse über die Scham, an einer Würstchenbude zu essen. Sie stammt von einem schwedischen Anthropologen, und er trifft den Nagel auf den Kopf. Nicht die schlechte Ernährung sei das Problem. Auch nicht das eher primitive kulinarische Niveau, sondern dass man seine Einsamkeit ausstellt. Man zeigt, dass man niemanden hat, mit dem zusammen man essen kann. Dass man keine Familie hat. Dass man ungeliebt ist. Oder ist man es vielleicht nicht wert, geliebt zu werden? Der Forscher verglich die Situation rundweg mit dem Besuch bei einer Prostituierten, wo man, wie er schrieb, »im Körper einer anderen Person onaniert«. Wenn man abends in Marseille gerade bei einer einsamen Bouillabaisse am Kai unter den Michelin-Sternen sitzt, ist das ein ziemlich heftiges Bild. Aber ein bisschen ist es schon so, wenn man ganz solo irgendwo isst und in die Tiefe des Restaurants gafft. Es ist ein Fest für einen. Tea for one. Aber das swingt einfach nicht richtig. Dieses unmögliche Einpersonenfest wird noch dadurch unterstrichen, dass man in Restaurants in der Regel etwas Besonderes will. Die ellenlange Weinkarte. Die Unmengen von Vorspeisen. Und während man noch die Karte studiert, rollt der Streitwagen der Käsesorten um das Dessertbuffet. Das Menü ist weit entfernt von dem, wofür sich die meisten zu Hause entscheiden würden. Hier gibt es keine Wurststullen. Hier gibt es keine Mohrrüben unten aus dem Gemüsefach des Kühlschranks. Hier gibt es keine Handvoll Chips. Hier gibt es keinen Teller mit drei Keksen, drei Stückchen Käse, drei Oliven und einer Tomate. Hier gibt es nur Das Fest. Hier gibt es nur Das Außergewöhnliche. Hier gibt es nur Die Orgie. Aber das Motto einer Swingerparty, Probier-nur-ruhig-alles-aus-das-darfst-du, gilt bei einer Mahlzeit halt immer nur für eine Person. Und das ist gewissermaßen absurd.

Es sei denn, man ist Profi. Natürlich. Wenn man wie ein Verrückter reist, lernt man das nämlich. Zum Beispiel lernt man, mit Fremden zusammen zu sein. Man lernt, diejenigen zu erkennen, die auch allein sind. Und man lernt, mit ihnen auf genau der Ebene zu reden, auf der man sich begegnet, ohne sich zu berühren. Wie bei einer Hure, die – wirklich unglaublich pervers – sich hartnäckig weigert, zu küssen.

Ich kann mich zum Beispiel an den Schweizer erinnern, der in Sankt Moritz neben mir auf der Bank saß, als ich eines Abends allein Käsefondue aß. Er stieß mich mit dem Ellenbogen an.

»Sie da! Kennen Sie die Regeln? Soll ich Ihnen beibringen, wie man Fondue isst? Ja? Also okay. Wenn man in der Käsemasse ein Stück Brot verliert, gibt man immer einen Kirsch aus. Manche behaupten, man muss eine Flasche Kirschwasser ausgeben. Witziger ist das auf jeden Fall.«

Dann plaudert man ein bisschen. Lobt den Schweizer Weißwein und erörtert, warum es zum Fondue ausgerechnet der sein muss. Dann isst man wieder schweigend weiter. Schaut sich um, will bloß nicht dem Blick eines anderen begegnen. Das kann schwierig sein. Bestellt einen Kirsch. Isst. Und verabschiedet sich herzlich, nervös, stammelnd, wenn der Redselige bezahlt und geht. Es läuft jedes Mal nach demselben Muster ab.

Die andere Möglichkeit ist die, sich mit einem Wildfremden zu unterhalten und auf einmal einen Einblick in ein Leben zu erhalten. Kürzlich saß ich an einem wackeligen Tisch unter dem pechschwarzen Äquatorhimmel. Die Palmen wisperten, und aus einem Lautsprecher dröhnte Musik. Dann setzte sie sich, Ai. Fragte zuerst höflich. Ja gern, denn es war ja sonst kein Platz mehr frei.

So malte ich mir ein japanisches Ehepaar aus: Sie sollte zwei Stunden später nach Yokohama fliegen. Hatte in Neuseeland als reisende IT-Spezialistin gearbeitet. War mit einem Kollegen verheiratet, der derweil zu einem anderen Ort unterwegs war. Sie sahen sich nur wenige Monate im Jahr in Japan. Sie war noch nie in Europa, wollte aber gern hin. Vielleicht England?

»Vielen Dank, das war jetzt nett. Weiterhin gute Reise.«

Kein Austausch von E-Mails oder Telefonnummern. Von Adressen. Solcherart war die Begegnung nicht. Eher so wie bei einem guten Interview. Einer meiner Kollegen bei der BBC, Mike Thompson, erklärte es mir einmal folgendermaßen:

»So eine Begegnung ist sehr, sehr echt. Allerdings nur für sehr, sehr kurze Zeit.«

Aber die Begegnung ist schon die Ausnahme. Die Begegnung ist eine Variable. Es kann ein Blick sein. Ein Lächeln. Ein paar Worte. Ein kleines Gespräch. Aber die Konstante ist die Einsamkeit. Und mit der Einsamkeit in einem Restaurant kann man auf vielerlei Weise umgehen. Jeder hat seinen Schild. Das Handy zum Beispiel ist ein Geschenk für den einsam Essenden. Während man isst, kann man nämlich wie ein Verrückter SMS eintippen. Man kann sogar ein bisschen lachen, wenn man eine witzige SMS erhält. Und während die linke Hand einen Happen von dem Teller mit der *Pasta all amatriciana* nimmt, kann man mit dem Tanz des rechten Daumens über der kleinen Tastatur ausdrücken:

»Ich weiß genau, wie das wirkt, ich weiß genau, dass ich euch leidtue, ich weiß genau, warum ihr mitleidig zu mir herüberschaut. Aber: Ich bin nicht allein! Und einsam schon gar nicht!«

Manchmal kommt es mir so vor, als wären Reiseführer, und besonders die der *Lonely-Planet*-Serie, ganz einfach für Restaurants gemacht. Überall sieht man sie, kleine literarische Bollwerke, die sich rings um die Teller erheben: An den langen Tischen der Finnlandfähre, in den Cafés von Lima, in den Bistros von Paris – überall sitzen Menschen und drehen mit der rechten Hand Spaghetti auf die Gabel und starren dabei ins Buch, das sie mit der linken halten. Die meisten meiner *Lonely-Planet*-Reiseführer sind vollgekleckert.

Meinen persönlichen Rekord im Linkischsein habe ich in Japan aufgestellt. Genauer gesagt waren es zwei Erlebnisse. Das eine war in einem Restaurant in Tokio. Eines dieser eher nichtssagenden Restaurants, wie sie in Hotels zu finden sind. Kaum war ich eingetreten, als mir eine Frau entgegenkam, fast eine Parodie auf das Feminine. Eine sarkastische Übertreibung mit einer Stimme zwischen Winseln und Jammern. Die Bewegungen hatten etwas beinahe Opferbereites, Untertäniges. Und nach jeder Verbeugung richtete sie sich erst dann wieder auf, wenn ich wegsah. Als ich mich an meinen Tisch mit Blick auf ein Becken mit Karpfen setzte, begann ein echt surrealer Zirkus. Während ich dieses Mal tatsächlich gern allein sitzen wollte, war ihr Job offenbar, mir permanent aufzuwarten. Die Farce bestand darin, dass diese Frau andauernd an meinen Tisch kam, um mir zu »helfen«, während ich versuchte, die Zeitung zu lesen, den Morgen und die japanische Variante eines amerikanischen Frühstücks zu genießen. Die Hilfe bestand darin, dass sie Ketchup, Zahnstocher und Sojaflasche auf dem Tisch hin und her schob. Sie schob und schob und schob. Und jedes Mal entschuldigte sie sich am Ende vielmals und dankte und verbeugte sich und verließ rückwärtsgehend meinen Tisch. Es war unerträglich.

Noch linkischer fühlte ich mich in Kyoto. In einem Restaurant, wo ich Shabu Shabu bestellte, setzte sich eine Frau um die fünfzig mir gegenüber, um mein Essen zuzubereiten. Das heißt, sie bereitete es zu, während ich aß. Das ging so: Sie schlug mir etwas vor, zum Beispiel einen Shiitake-Pilz, und ich stimmte zu. Dann legte sie das Stück in den Topf, bereitete es zu und servierte es mir. Während ich aß, fixierte sie mich mit versteinertem Gesichtsausdruck. Wenn ich anerkennend nickte, schlug sie als Nächstes zum Beispiel ein Stück Fleisch vor. Dieser Tanz zog sich eine Weile hin. Am Ende kam es mir so vor, als wäre sie tief in meine Intimsphäre vorgedrungen, als hätten wir uns heftig geliebt. Aber gleichzeitig fühlte ich, dass ich allein da gesessen hatte – mit einer anderen. Als wäre ich beim Frisör gewesen. Es war sehr sonderbar.

Aber manchmal kann der Kontakt zum Personal in Bars und Restaurants wirklich auf menschliche Beziehungen hinauslaufen. Im Speisewagen zwischen New York City und New Orleans habe ich mich viel mit Hector unterhalten. Er war spanischer Herkunft und stockschwul. In seiner freundlichen und höflichen Art gab er mir Tipps und Tricks zu New Orleans. Aber seine Flirterei ging nie zu weit. In Cusco in den Anden saß ich einmal lange in einer kleinen Kneipe und kommunizierte mit einem spanisch sprechenden Kellner – ausschließlich mit den Augen, mit Lächeln und Mimik. Aber das vertrieb die Einsamkeit.

Das Peinliche und Linkische an der Einsamkeit kann in Restaurants hin und wieder wirklich unerträglich werden, vor allem wenn das Personal nicht damit umgehen kann. Deshalb freute ich mich sehr, als ich in einem Restaurant in San Fransisco ein Schild entdeckte, auf dem der Inhaber dem Gast einen Gratisdrink an der Bar versprach, sollte das Personal auch nur einmal darüber stutzen, dass er um einen Tisch für eine Person gebeten hatte, oder aber diesen Wunsch erstaunt wiederholen. Und wenn die Studenten aus Berkeley, die dort kellnerten, auch nur ein einziges Mal anmaßend fragten: »Are you all right?« – diese unerträgliche Unsitte in den USA –, dann bekam man die ganze Mahlzeit umsonst. Und so durfte man tatsächlich einen Hauch von Würde bewahren, während man sich der lebensnotwendigen Nahrungsaufnahme unter den vorwurfsvollen und mitfühlenden Blicken anderer widmete.

Heute genieße ich es, allein in Restaurants zu essen. Das hat damit zu tun, glaube ich, dass man – wenn man es wie ich unzählige Male getan hat – auf einmal etwas begreift. Nahezu zen-artig wird einem urplötzlich bewusst, dass allein essen sogar besser ist, weil mal so nur mit – nun ja – mit seinem Essen zusammen ist.

Zum ersten Mal erlebte ich das in Perth in Westaustralien. Ich hatte Lamm bestellt und ein Glas des hervorragenden Weines aus Shiraz-Trauben, den sie dort anbauen. Ich saß da und ließ die tiefdunkelrote Flüssigkeit im Glas kreisen. Plötzlich war es, als ob alles rings um mich verschwände. Da war nur diese intensive Farbe, das schwappende Geräusch und das Licht, das sich in dem Rot, dem Lila, dem Violett, dem Schwarz brach. Nur der Duft von roten Beeren, ein Hauch

Pferdedung, Säure der Eiche. Nur das zarte Lammfleisch, das Prickeln der Kräuter am Gaumen, im Schädel das knirschende Geräusch beim Kauen des Gemüses, die eindrückliche Magie der Soße.

Die Kellner gingen herum, in der Nähe saßen andere und aßen, im Hintergrund erklang gedämpfte Musik. Aber eigentlich gab es nur mich und das wirbelnde Muster, das der Koch in die Soße fabriziert hatte.

Seither habe ich oftmals überlegt, ob ich vielleicht erst dort richtig essen gelernt habe.

Ankunft Peking

Shanghai – Peking, Juli 2005

Nach einer schlaflosen Nacht im Express zwischen Shanghai und Peking sehe ich vom Zugfenster aus Hunderte von Menschen bei ihrem Tai Chi im bleichen Morgendunst. Ein Heer aus schattenboxenden Männern und Frauen, alle in der gleichen blauen Kleidung. Sie sehen genauso aus, wie man sie aus den Dokumentarfilmen kennt, die uns in den Siebzigern in der Schule gezeigt wurden. Das gleiche kurz geschnittene, struppige schwarze Haar. Die gleichen versteinerten Gesichter. Millionfach Mao-Schuhe. Hände schneiden wie mechanisch Muster durch den Morgennebel. Andernorts bezwingt auf einem einsamen Pfad neben dem Bahnkörper ein Greis für sich allein den eigenen Schatten. Das ist eine lange Schlagserie perfekt choreographierter Weisheit.

Aber China besteht nicht nur aus Massenauftritten. China besteht auch aus einzigartigen Individuen.

Herr Wong aus der Nachbarkoje zum Beispiel schnarcht entsetzlich. Ich habe die ganze Nacht kein Auge zugetan. Nur dagelegen und Jean-Michel Jarre gehört, eine Leihgabe meines Freundes Ole. Dabei machte ich Notizen zu China. Notizen zum Jazzkonzert im The Peace Hotel in Shanghai – diese fünf alten Männer, die wie ein Zirkusorchester rasselten. Notizen zur Einkindpolitik, die im Blick des jungen Herrn Lee, mit dem ich ebenfalls das Coupé teile, einen Anflug von Trauer auslöst, als er davon spricht. Notizen zu zwei Mädchen, die auf Shanghais Shoppingstraße Nanjing Donglu lächelnd an einer Konditorei vorbeigehen, und zu einem alten Mann in Träger-

unterhemd und karierten Shorts, der sich an seinem Sonnen-
schirm abstützen muss, und Notizen zu einem Mädchen im
Pünktchenkleid, das an meinem Taxi vorbeiradelt. Notizen zu
zwei Wäschereiarbeitern, die sich in einem gigantischen Berg
aus Säcken mit Wäsche fläzen.

Das sind Notizen zu China, nichts als Notizen zu China.
Nichts als Notizen über einen jungen Mann im roten Polohemd, der ein Magnum isst.

Sollen wir einsteigen?

Eine der bis dato gelungensten Schilderungen vom Essen im Flugzeug hat der italienische Schriftsteller und Semiotiker Umberto Eco verfasst. In dem amüsanten Essay spielt er minutiös alles durch, was einem dabei passieren kann. Das Ganze kulminiert, als er – eingeschmiert von Kopf bis Fuß in schlechtes Essen, das eigene wie das des Nachbarn – wütend eine Feuchttuchpackung aufreißt, um sich wenigstens ein bisschen zu säubern, und feststellt, dass »Zucker« daraufsteht – natürlich erst haargenau in dem Moment, als sich das Tütchen längsseits öffnet.

Zugegeben, Essen in einem Flugzeug gehört mitunter zum Haarsträubendsten, das dem kulinarisch interessierten Reisenden widerfahren kann. Bei Vergleichen mit den Speisewagen mitteleuropäischer Bahngesellschaften kommen die meisten Fluggesellschaften nicht gut weg. Und gemessen an den unzähligen Möglichkeiten, die sich dem bieten, der mit dem Auto durch Europa reist – all den Rast- und Gaststätten längs der Autobahnen und Autostradas –, ist der Luftweg doch recht verstopft, rein essensmäßig betrachtet. Und sehr häufig traut man weder seinen Augen noch seinen Geschmacksknospen, wenn man freundlich das DIN-A4-große Tablett voller Plastikteile entgegengenommen hat, um dann über das Servierte zu stutzen und es zwanzig Minuten später zurückzugeben, im Großen und Ganzen ungeöffnet, abgesehen von dem kleinen Wasserbecher mit explosivem Überdruck.

Wenn man allerdings hinlänglich häufig und zu hinlänglich

vielen exotischen Zielen reist, dann kann das Essen oben in den Wolken zuweilen sogar geradezu himmlisch sein. Gewiss nicht jedes Mal und gewiss nicht ebenso himmlisch, wie es unten auf der Erde wäre. Aber nach einer strapaziösen Tour durch eine schmutzige Großstadt, zu Fuß, im Bus oder im Zickzack fahrenden Taxi, mögen einem die anonymen Interieurs der Fluggesellschaften und ihr klinischer Service hin und wieder wie ein wahres Labsal erscheinen. Man ist so gut wie zu Hause. Und ist das Essen nur halbwegs erträglich, dann ist man schnell bereit, großzügig Sterne an das Etablissement zu verteilen.

Im Hinblick auf das Essen im Flieger gibt es ein witziges Detail. Manche behaupten, diese erstaunlich hermetischen Verpackungen und diese unendlichen Mengen an kleinem Krimskrams, durch die man sich vorarbeiten muss, das sei alles kein Zufall. In der frühesten Kindheit des Fliegens war – vermutlich mit gutem Grund – eine gewisse Unsicherheit und Angst damit verbunden, sich in einen solchen tonnenschweren Stahlvogel zu setzen, um mit gut tausend Stundenkilometern davonzufliegen. Die Menschen litten durchweg an Flugangst. Aber jeder gute Psychologe – oder jede Mutter – weiß doch, dass Beschäftigung die Seelenruhe fördert. Man lenkt die Aufmerksamkeit weg von all dem Unheimlichen. Und schon bald stellt sich Wohlbehagen ein. Es braucht nur ein, zwei Gin Tonics und einen annehmbaren Château *en miniature*, und bald feiert man hoch oben über dem Atlantik ein kleines Fest.

Ob tatsächlich einmal jemand versucht hat, diesen Effekt ganz bewusst zu erzielen, will ich hier ungesagt lassen. Aber etwas fällt auf: Im Luftraum kehrt immer vollkommene Ruhe ein, sobald die kleinen Deckel von den Salatschalen abgenommen werden, sobald sich in der wohl eingeschränktesten Privatsphäre der Zivilisation Menschen Schulter an Schulter mit Messer und Gabel darum bemühen, eine gewisse Form einzuhalten.

Meinen eigenen ersten Höhepunkt im Hinblick auf Essen im Flieger erlebte ich auf der Heimreise von Dublin. Air Lingus hatte sich aufgrund der relativ kurzen Flugdauer von zwei Stunden entschlossen, auf das große Servieren zu verzichten — was im Übrigen sowieso nur in der Kategorie *extra small* geschieht. Stattdessen beugte sich plötzlich eine hübsche rothaarige Frau zu mir herüber.

»Ein Sandwich, Mister? Geflügelsalat oder Käse?«

Dass auch ein Sandwich ein gastronomischer Höhepunkt sein kann, mag übertrieben klingen. Aber dieses hier war ein gutes Sandwich. Statt einer Pseudo-Restaurantmahlzeit bekam man ein frisch aufgebackenes Brötchen mit hausgemachtem Geflügelsalat auf einem knackigen Salatblatt. An den Salatblättern hingen noch Wassertropfen, das Sandwich schmeckte nach etwas, und man konnte auf Wunsch sogar zwei bekommen. Es braucht viele transatlantische Flüge mit der Lufthansa und ihrem irritierenden *wi-onli-häv-de-fish-left-sir*, um dieses Sandwich zu schlagen.

Der nächste Höhepunkt kam, als ich zu meiner ersten Überseereise in der Businessclass eingeladen war. Die Cousine eines meiner Freunde wollte ihren Vetter an seinem Geburtstag überraschen, und ich, als sein bester Freund, sollte mit — das war nämlich die Überraschung. Er wohnte in Kalifornien, und sie hatte höchst passend einen Sommerferienjob als Telefonistin bei British Airways gehabt. So etwas gibt ungewöhnlich viele Bonuspunkte, und so kam es, dass wir plötzlich ganz vorn im Flugzeug saßen, das nur noch auf den Take-off wartete.

»Ein Cocktail, Sir?«, fragte eine freundliche Stimme.

Als ich aufblickte, stand dort ein Kellner in weißer Smokingjacke und lächelte.

Ich bestellte eine Bloody Mary.

»Okay, Sir. Dann also ... kein Cocktail. Aber das ist ganz in Ordnung.«

Ich kam nicht recht mit. Aber als ich einen waschechten

Five-o'clock-Ton hörte, begriff ich den Zusammenhang. Der Mann stand mit einem Shaker und allem Zubehör in einer kleinen Bar und schüttelte Dry Martinis und mixte Manhattans wie ein Verrückter. Als er »Cocktail« sagte, wollte er damit wohl ausdrücken, dass man all die imperialen Pre-Dinner-Drinks bestellen konnte. Und da hatten wir noch nicht einmal abgehoben …

Manche Fluggesellschaften legen größten Wert auf ihre besondere Identität. Singapore Airlines – die so ziemlich den besten Service in der Luft überhaupt anbieten – servieren natürlich einen Singapore Sling, ohne Aufpreis. Wenn man mit SAS nach Japan fliegt, ist das Nachtessen eine große Tasse *ramen*, also dünne Nudeln in Bouillon, sodass sich die Passagiere einen Spaß daraus machen können, sich selbst oder ihre Nachbarn im Dunkeln zu verbrühen. Aber die Nudeln schmecken gut. Bei einem Inlandsflug in den USA muss man das, was man konsumiert, selbst bezahlen. Dafür bekommt man im Großen und Ganzen dann genau das, was man will, egal ob man gerade die Atkins-, South Beach- oder die Low-Fat-Diät macht.

Apropos Sonderbehandlung. Die Tatsache, dass es vorgefertigt ist, gehört zu den entscheidenden Problemen des Essens im Flieger. Mit etwas Glück kann man erleben, wie es an Ort und Stelle zubereitet wird. Aber in der Regel ist der Kuchen klitschig, der Salat schlaff, das Fleisch langweilig, der Fisch lasch und das Brot entweder trocken oder weich geworden. Deshalb gilt für Essen im Flieger einer der uralten Tricks: einfach um »etwas Besonderes« zu bitten. Jüngere Leser werden ihn als den alten McDonald's-Trick wiedererkennen. Er läuft darauf hinaus, dass man das optimale Produkt bekommt – soweit es das bei McDonald's gibt –, indem man zum Beispiel um eine Scheibe Käse extra bittet. Dann wird der Burger für einen nämlich ganz frisch gemacht – es sei denn, man gerät bei der Bedienung an einen mittelschweren Fall von Jugend-Stupor, der einfach eine kalte Scheibe Käse in den eiskalten Burger legt. Kurz gesagt, man muss rechtzeitig zu der Flugge-sellschaft Kontakt aufnehmen und darauf hinweisen, man sei Hindu, Jude oder Moslem oder mache gerade eine schwierige Schlankheitsdiät. Dann bekommt man nämlich nach dem Ab-heben ein Tablett mit Essen vorgesetzt, das viel leckerer ist und frisch zubereitet. Ich bekam den Tipp von einem älteren amerikanischen Ehepaar. Breit lächelnd erzählten mir die bei-den, wie sie einmal ein hervorragendes Diabetiker-Menü ge-gessen hatten, mit knackigem Salat und fettarmem Hühnchen, ehe sie sich zu der unvermeidlichen romantischen Komödie auf dem Minischirm Chips, Bier, Wein und Whiskey-Soda be-stellten und schließlich als I-Tüpfelchen anfingen, zwei große Tüten voll zuckerhaltigem Süßkram für Kinder zu kauen. Ohne dass jemand eine Augenbraue hob. Das Phänomen ist amerika-nisch, und es heißt »Service«.

Manchmal sind Fluggesellschaften gut darin, sich auf eine aktuelle Situation einzustellen. Wie damals, als ich im August nach Neapel musste und die Alitalia-Damen vor der Landung große Körbe mit Eis hervorzauberten. Man konnte frei wäh-len, ob man lieber *alla frutta* oder *alla crema* wollte, ehe einen der Wahnsinn und die Hitze *alla Napolitana* umhaute.

»Bravo!«, dachte man. »Davon könnte Mærsk noch was lernen.«

Eines der sehr seltenen Erlebnisse – in dessen Genuss man zugegebenermaßen leichter kommt, wenn man von Beruf Journalist ist – sind Jungfernreisen. Gebucht werden können diese in der Regel auch von gewöhnlichen Passagieren. Hat man das Glück, die erste Tour zu einem neuen Ziel zu erwi-schen, kann man erleben, wie viel mehr Wert auf ein gutes Ni-veau gelegt wird. Ich kam in diesen Genuss, als ich von Guang-zuo in der chinesischen Provinz Kanton nach Helsinki flog. Es war der erste Flug der Finnair zwischen diesen beiden Orten. Ich bekam nicht nur die sicher winzigste Alvar-Aalto-Vase mit einer Erinnerungsgravur, auch der Service war unübertrefflich. Schließlich war es doch für Fluggesellschaft und Personal ein Festtag. War man dann womöglich noch als Journalist eingeladen, wurde einem die Ehre zuteil, in der Businessclass der Finnair zu reisen. Nun mag es Menschen geben, die meinen, es gäbe doch Grenzen, wie luxuriös Wodka und Lakritz eigentlich sein dürfen. Aber man sollte über die nordischen Brüder nicht lästern. Denn so wie die Schweden und die Norweger tolle Hauptstädte haben, können die Finnen auch etwas leisten – wenn sie sich anstrengen. Und das tun sie in der Businessclass von Finnair nun wirklich. Zum Beispiel gewinnen sie für ihre ellenlange Weinkarte seit vielen Jahren den internationalen Wettbewerb für Flugzeugmahlzeiten. Plötzlich sitzt man also dort und lehnt sich – in den Ohrstöpseln eine sanfte Jazzsängerin – in dem breiten cremefarbenen Ledersessel zurück. Man nippt an dem abgefahrensten, zuckrigsten Weißwein mit einem echt drastischen Duft und einer Menge Jahre auf dem Buckel, und dazu isst man mit silberner Gabel die genau temperierten Käsesorten und zupft sich dazu von Hand eiskalte violette Trauben. So weit oben in der Atmosphäre kann es schwerlich besser sein.

In der Luft spielt das Regionale oft eine erstaunlich entscheidende Rolle. Fliegt man mit Air France ab Saint Martin in der Karibik, trinkt man vor dem Essen selbstverständlich Planteur-Cocktails. Und anschließend kann man einen schwitzigen Martinique-Rum mit Cola bestellen. Verkehrt man mit Air Tahiti Nui zwischen den vielen kleinen Inseln, die wie winzige Tropfen einsam mitten im Pazifik liegen, wird einem in der klebrigen Hitze automatisch irre süßer, frisch gepresster Ananassaft serviert. Die Weine aus Südafrika und Australien sind in der Regel weit besser, als man erwartet. Und fliegt man ab Havanna mit Air Cubana, stehen fast immer *Christen und Mauren,* also weißer Reis und schwarze Bohnen, auf der Speisekarte. Und es sollte mich nicht wundern, wenn auch gebratenes Hühnchen mit auf dem Tablett liegt, das bei dem gewöhnlichen Chaos an Bord manchmal erst nach fünf Stunden in der Luft wie eine Art Nebengewinn vor einem abgestellt wird. Als ich die Strecke Ende der neunziger Jahre flog, war Zigarrenrauchen an Bord des Flugzeugs gerade verboten worden. Die Leute schäumten buchstäblich vor Wut angesichts dieses Verlustes an »Lebensfreude« in einer Kabine, in der es früher unerträglich gewesen sein muss, sobald sich die ersten Einheimischen eine angesteckt hatten.

Allerdings sollte man weder über das einheimische Essen noch über die einheimischen Köche die Nase rümpfen. An den exotischsten Orten der Welt kann man oft auf die frischesten Zutaten und ein lange vererbtes Geschick in der Zubereitung stoßen. Auch an Orten, an denen man sicher nicht damit rechnet, kann man deshalb gastronomisch-kulinarisch durchaus etwas erleben.

Im Januar stehe ich im aufgeheizten Flughafen von Goa im westlichsten Indien und fürchte das Schlimmste. Der Flug mit der regionalen Fluggesellschaft nach Neu Delhi soll mehr als vier Stunden dauern. Bei Keksen und lauwarmem Sodawasser — vorurteilsbelastet wie ich war, erwartete ich nichts anderes — würde das fast unerträglich werden. Aber dann! Kaum sind wir gestartet, teilen die Stewardessen in dem voll besetzten Flugzeug an Große wie Kleine Bonbons aus. Hierauf bringen sie gleich jedem ein kleines Glas Orangensaft mit Eiswürfeln. Und dann kommt das Menü, wobei man zwischen »Mit Fleisch« oder »Vegetarisch« wählen kann. So gut wie alle Inder wählen die vegetarische Ausgabe, sodass für die übrigen Passagiere, die wohl geistig nicht so weit entwickelt sind, genug solides Fleisch übrig bleibt. Und als das Essen kommt, glaube ich meinen Augen kaum zu trauen. Das ist keine Mahlzeit, das ist ein ganzes indisches Buffet, auf ein kleines Tablett zusammengepresst. Alles ist perfekt zubereitet, und es ist sogar noch warm — denn es wurde offenbar in einer Küche auf dem Flugplatz gekocht. Es gibt *dhal*, es gibt *naan*, und es gibt ein tolles, intensives nordindisch inspiriertes Lammcurry. Es schmeckt nicht genau wie ein klassisches *rogan joshth*. Aber es schmeckt, dass die Engel singen, dass die Götter tanzen und dass *Krsna* schelmisch lächelt. Zum Nachtisch gibt es stark gewürzten *chai* und in Sirup getränkte Kuchen.

Und am liebsten würde man hier gut vier Michelin-Sterne vergeben. Dieses Curry wäre eine Reise wert, wenn man sich nicht schon auf selbiger befände.

Der Veteranenzug

Sydney – Perth, Juli 2005

Der große Mann am Bahnhof von Sydney ähnelt irgendwie Dirch Passer, vielleicht hätte der Komiker tatsächlich einmal so ausgesehen, wäre er nicht so früh verstorben. Der Mann ist über eins neunzig. Muskulös und kräftig gebaut. Schwer. Später wird sich erweisen, dass er siebzig Jahre alt ist, aber er ist hellwach, beobachtet alles in seiner Umgebung aufmerksam und bewegt sich in einer Weise, die ganz bestimmt nicht seinem Alter entspricht. Vielleicht liegt es einfach an seiner Körpergröße, dass die Szene, die er beim Einchecken des Gepäcks macht, so entsetzlich peinlich wirkt. Der große Mann regt sich gegenüber der kleinen Dame am Schalter auf dem Bahnsteig völlig unangemessen auf.

»Was sagen Sie? Wenn ich hier einchecke, dann kann ich meine Sachen nicht vor Perth wiederbekommen? Was in aller Welt meinen Sie damit? Ich werde doch wohl einfach meine Sachen holen können, wenn ich sie brauche! Ist das jetzt etwa nicht mehr mein Gepäck? Nehmen Sie mir meine Sachen weg?«

Mit knallrotem Kopf raunzt er die Dame an. Offensichtlich fürchtet er, die Kontrolle über seine Privatsachen zu verlieren, wirkt aufrichtig gekränkt. Oder ist er vielleicht ausgesprochen furchtsam? Er benimmt sich eindeutig wie jemand, der Angst hat. Wie ein Opfer, das seinen inneren Schmerz in äußere Aggressivität umwandelt. Er ist ein Überlebender.

Danke, Schicksal, denke ich. Der Ärmste, der mit ihm ein Coupé in der Red-Kangaroo-Klasse teilen muss. Vier lange

Tage am Stück durch ganz Australien. Ich schüttle den Kopf und bummle mit meinem Handgepäck den Bahnsteig hinunter, und die Stimme des Mannes verblasst nach und nach. »Das ist mein Privatgepäck! Ist Rail Australia etwa von Idioten übernommen worden? Das ist meine Tasche! Meine, ist das klar?« Ich gehe an den glänzenden Stahlseiten des schönen Art-déco-Zuges entlang. Schilder verkünden, dass es sich bei diesem Zug um keinen geringeren als den legendären Indian-Pacific handelt, den Zug, der die beiden Ozeane in einer einzigen schwindelnden Zugfahrt miteinander verbindet. Obwohl es dieses Mal streng genommen Pacific-Indian heißen müsste, weil ich in die andere Richtung fahre.

»Ich schlafe unten, ich muss nämlich jede Nacht zum Pinkeln raus, verstehen Sie?«

Der große Mann von vorhin sitzt in dem Abteil, in das ich gerade geschickt wurde. Er hat meine Tasche auf den anderen Platz geworfen, sodass er selbst in Fahrtrichtung sitzt. Er lächelt kurz, abfertigend, während er seine große flache Hand auf den Stoff seines Sitzes haut. Hier wird nicht verhandelt. Hier wird konstatiert.

»Ich heiße Derek«, sagt er dann.

»Kristian«, antworte ich.

»Was?«, sagt er und wirkt sauer.

»Kristian«, sage ich – dieses Mal lauter.

»Was? Ja, du musst schon so reden, dass man es versteht. Ich kann überhaupt nichts hören.«

»KRISTIAN! ICH BIN DÄNE!«

»Däne? Echt? Aber dafür kannst du ja nichts.«

Er lächelt, brummelt etwas, dieses Mal sogar mit einem Hauch Wärme. Aber dann verändert sich das Gesicht jäh wieder. Da ist eine heftige Aggressivität, die aus dem Nichts kommt. Aus dem Blauen, aus dem klaren blauen Blick.

»Es gibt drei Dinge, die ich hasse: Lügner, Diebe und grünen Pfeffer.«

Das ist also schon einmal klar. Mit einem Akzent, der auf Australisch singt. Er klingt aber dennoch förmlicher als die meisten anderen Australier, denen ich in Sydney begegnet bin. Das hier ist irgendwie mehr ein *Yes, Sir* als dieses australische *G'day, mate.*

Sydney war die Begegnung mit einer Art London light. Alles in Sydney ist englisch und stimmig, aber auf eine beinahe kalifornische Art. Entspannt, ungezwungen. Es erinnert sogar ein bisschen an Dänemark, nur mit dem Unterschied, dass in den Geschäften Service geboten wird. Und außerdem sind die meisten Menschen zu Ausländern entgegenkommend, häufig auf eine direkte und offensive Weise. Hallo! Woher kommst du? Wohin willst du? Wie heißt du?

Diese nie versiegende Freundlichkeit. Und dann diese physische Größe des Landes. Diese beiden Dinge sind richtiggehend schockierend. Es fing schon im Flugzeug an, wo ich neben einem Farmer saß, er hieß Noel. Ein steinalter, sehniger Mann, offenkundig in Topform.

»Ich stamme in direkter Linie von den Strafgefangenen ab, wie die meisten anderen hierzulande. Meine Familie besitzt eine Menge Viehstationen in der Mitte und ein paar, die etwas südlicher liegen. Und ganz oben haben wir auch noch ein bisschen Baumwolle.«

Er erzählt von Lastwagen mit drei Anhängern. Sie haben oft Schafe geladen, und sie sind so groß, dass sie über zwölf Gänge verfügen. *Road trains* heißen sie. Die fahren so schnell, dass man weichen sollte, wenn sie sich von hinten nähern. Es reicht nicht, an der Seite anzuhalten – man muss ganz von der Fahrbahn runter. Sonst kann man in ihren Fahrtsog geraten.

Der Zug ist schon eine ganze Weile unterwegs, als ich im Loungewagen sitze und Kaffee trinke und hinaus auf die sich unendlich hinziehenden Vororte schaue. Eine ganze kleine Familie hat *G'day, G'day* zu mir gesagt. Plötzlich kommt er angestapft. Derek lässt sich auf den Platz neben mir fallen. Lächelt mich an. Jetzt fast mit einer Mischung aus Nervosität und Stolz, von beidem ein bisschen. Als wäre ihm bewusst, dass er vorher ein wenig unangenehm gewirkt haben könnte. Aber eine Entschuldigung kommt trotzdem nicht infrage.

»Taubenschläge nenne ich so was«, sagt er und deutet mit dem Daumen über die Schulter in Richtung der winzigen Schlafcoupés.

»Da ist es hier draußen schon viel gemütlicher.«

Während des Gesprächs muss Derek mehrmals »Was?« sagen. Und so beginnt seine laute Geschichte. Mit dieser Stille in seinem Kopf. Derek ist stark hörgeschädigt. Er ist Kriegsveteran, das ist der Grund. Er hat sich für Australien in Vietnam geschlagen, wo er alles in allem sieben Jahre war. Einen Sohn hat er, der ist Schlachter. Der Sohn wohnt unten in Adelaide. Derek wohnt zwei Fahrtstunden von Perth entfernt. Er lebt allein.

»Die verfluchten Grananten sind schuld daran, dass ich nichts hören kann.«

Der Vater der kleinen Familie mischt sich mit kaum verhohlener Ironie ein.

»Aber als Veteran fahren Sie zumindest billig Zug, oder?«

»Doch, das tu ich. Aber in den alten Zeiten fuhr man verdammt noch mal umsonst. Die haben vor nichts mehr Respekt.«

»Ich fahre billig, weil ich Lokomotivführer bin«, sagt der Familienvater.

»Echt? Als ich aus dem Krieg nach Hause kam, hab ich in den Regionalzügen um Perth dreizehn Jahre lang Fahrkarten abgeknipst. Erst war ich Güterzugrangierer, aber dann wurde ich Schaffner«, sagt Derek.

Die Stimmung wird etwas freundlicher. Bereitwillig versucht Derek uns kurz darauf die »Drei Schwestern« zu zeigen. Das sind drei sehr markante Berggipfel, die in der Nähe der

Stadt Katoomba zu sehen sind, deren Bauwerke im Art-déco-Stil noch ganz erhalten sind. Leider wird es schon um zwanzig nach fünf dunkel. Von einem Moment zum nächsten herrscht pechschwarze Nacht.

»In Katoomba ist übrigens jetzt Yule-Festival, und da sind überall Wichtelmännchen, aber das werden wir nicht mehr sehen können. Ach ja. Im Winter wird es so schnell dunkel«, seufzt der Lokomotivführer in seinem lila Polohemd und blickt über die grüne Ebene.

Die umgekehrten Jahreszeiten stellen einen wirklich auf die Probe. Derek sagt, im Frühling sei Australien dennoch sehr schön. Also im Oktober und November. Ich lächle. Und denke an den Obdachlosen in Sydney, der mit einem Pappschild auf dem Bürgersteig saß: »Ich bin obdachlos. Ich bin hungrig. Und Winter ist es auch noch!« Die Temperatur betrug an dem Tag 17 Grad, und die Sonne schien von einem wolkenlosen Himmel.

»Die heißen ›die Blauen Berge‹, weil dort überall Eukalyptusbäume wachsen. Eukalyptus sondert Gase ab, und diese Gase tauchen die Berge in der Sommerhitze in einen bläulichen Nebel. Dieselben Gase sind auch dafür verantwortlich, dass es so viele Waldbrände gibt.«

Derek freut sich, dass er erzählen darf. Er hat schon mehrmals gesagt, dass er allein wohnt. Mir ist aufgefallen, wie er durch die menschlichen Kontakte im Zug auflebt. Er ist auch ein guter Erzähler. Sehr oft nehmen seine Erzählungen überraschende Wendungen, und sie geben immer einen Einblick in eine Welt, von deren Existenz ich nichts ahnte. Zum Beispiel als ich ihn nach einigen australischen Wörtern frage, die ich nicht verstehe, und er darauf antwortet, darüber wisse er nichts, denn er würde nicht alle Wörter kennen.

»Was? Kannst du kein Australisch? Bist du nicht Australier?«

»Doch, doch, ich bin australischer Staatsbürger. Aber.

Also. Ich bin doch nicht hier unten geboren. Ich komme ursprünglich aus Südengland. Bournemouth.«

»Warum haben Sie sich denn dann entschieden, nach Australien zu gehen?«

»Entschieden? ENTSCHIEDEN?«

Schlagartig sieht Derek tieftraurig aus. Wie ein Kind in Übergröße, dem man Unrecht getan hat. In seinen Augen stehen Tränen.

»Die haben mich verdammt noch mal deportiert.«

Er erzählt, wie er als Kind zum Waisen wurde, weil sein Vater im Krieg fiel. Damit wurden sein Bruder und er offiziell zu Waisen erklärt. Sie hatten durchaus eine Mutter, aber als Frau war sie im damaligen England nicht als Versorger qualifiziert. Also wurde die ganze Familie in eine Erziehungsanstalt geschickt, wo seine Mutter nähte und er und sein Bruder zur Schule gingen, bis sie dreizehn, vierzehn Jahre alt waren. Dann wurden sie Teil einer Regelung, die *The Seeds of the Empire* hieß. Der Anstaltsleiter holte ihn eines Tages aus dem Schlafsaal.

»Derek, du musst einen Koffer packen. Du wirst für eine richtig lange Zeit wegfahren.«

Dann wurde er nach Sydney geschickt. Von einem Heim in Sydney verschlug es ihn auf einen Hof inmitten des riesigen Landes. Kost und Logis waren der Lohn, nichts sonst. Von dort suchte er sich selbst eine Arbeit in verschiedenen Minen, in einigen Fabriken. Und dann kam die Zeit beim Militär, wo sich sein Gehör aufgrund der Granatenexplosionen um mehr als sechzig Prozent reduzierte.

»Ich bin so wütend gewesen, dass ich als Erwachsener den Leiter des Heims aufsuchte. Warum musste ich hierher geschickt werden? Warum? Weißt du, was er antwortete? ›Wir brauchten das Geld, um uns um andere Kinder mit mehr Fähigkeiten zu kümmern.‹ Das war seine Antwort. Geld! Und weißt du, was er dafür bekam, dass er mich und all die anderen Kinder nach Australien schickte? Zwanzig Pfund pro Kind.

Das war unser Wert für das Empire. Zwanzig verdammte Pfund vom Staat!«

Die Geschichte ist schrecklich, finde ich. Aber sie klingt auch etwas dramatisiert. Ich habe Derek manchmal in Verdacht, dass er für eine Portion Aufmerksamkeit von seinen staunenden Zuhörern ein bisschen dick aufträgt. Aber als ich drei Tage später in meinem Hotelzimmer in Perth etwas im Internet recherchiere, finde ich mehrere Quellen, die diese entsetzliche Politik bestätigen. Eine Reihe von Historikern bezeichnet sie als eine beschämende Episode im Nachkriegsengland. Etwa hundertfünfzigtausend unerwünschte Kinder wurden einfach in die britischen Vorposten exportiert, nach Australien und Rhodesien, nach Kanada und Neuseeland. Die Gebiete sollten mit »gutem weißen Erbgut« bevölkert werden. Nach Australien zu kommen war am schlimmsten. Viele Tausend Kinder gelangten in Institutionen, die von *The Christian Brothers* geführt wurden. Harte Arbeit, Schläge, sexuelle Übergriffe und ausgeprägte Unterernährung gehörten hier zum täglich Brot. In all der Zeit gab es viele Proteste von Beobachtern. Aber diese Regelung galt mehr als sechs Jahrzehnte. Eines der betroffenen Kinder hieß Derek.

Wir mussten gerade eine halbe Stunde warten. Der Zug stand auf einem Nebengleis. Vor den Fenstern nichts als Weite und Stille. Wir warteten einen Güterzug ab, der an uns vorbeifahren sollte. Als er kam, schien die Reihe der Wagen, die an uns vorüberrollten, gar nicht wieder aufhören zu wollen. Laut Schaffner war er einen Kilometer lang.

Derek kommt und setzt sich. Er sucht die ganze Zeit die Nähe anderer Menschen und verwickelt sie in Gespräche. Oft, indem er sie nahezu beleidigt. Aber heute, am zweiten Tag der Zugfahrt, hat er gute Laune. Er hat heute Morgen Kängurus gesehen. Man kann sie morgens und abends beobachten. Sie fressen im Morgengrauen und in der Dämmerung, erklärt er. Ich habe sie nicht gesehen. Ich habe um 6.30 Uhr an einem

Ausflug zu einer Minenstadt teilgenommen. Jedes Mal, wenn der Zug in einer Stadt anhält, haben wir dort ein paar Stunden Aufenthalt. Dann kann man schnell zu einem Bus rennen und ein bisschen vom Land gezeigt bekommen. An diesem Morgen waren wir auf Sightseeing in Broken Hill – der Stadt, in der dieser phantastische Film *Königin der Wüste* gedreht wurde. Er handelt von ein paar Transvestiten, die durch Australien reisen. Die Geschichte beschreibt das Leben dieser Außenseiter in einem Land, wo in den Vororten die konventionelle Lebensführung der Mittelklasse fast schon ein Nationalsport ist. Ich denke an Derek, der jeden Tag durch den Loungewagen geht und wie ein viel zu großes Teil eines Puzzles wirkt, in das er sich niemals wieder wird hineinquetschen können. Weil er an einer heftigen posttraumatischen Stressstörung leidet. Weil er taub ist. Weil er zu groß ist. Weil er Engländer ist. Weil er alt ist. Weil seine sozialen Fähigkeiten durch Übergriffe von Kindesbeinen an zerstört wurden. Er ist ein Paria, den die meisten zu meiden suchen. Ein Schädling. Wie die Kängurus. Noel erzählte mir während des Fluges, dass man die ganze Zeit in sie hineinfährt, wenn man mit dem Auto unterwegs ist. So viele gibt es. Einer von Noels Freunden hat einmal einen persönlichen Rekord aufgestellt, oben bei Darwin. Er fuhr an einem Abend sieben Kängurus um. Auf einem Kilometer.

Im Schneckentempo nähern wir uns einer Stadt. Ich hatte Derek nach ihrem Namen gefragt. Und da begann er zu singen.

»Mallala! Mallala!«, grölte er auf einmal.

Der spinnt doch, dachte ich. Aber so heißt die Stadt. Ausgesprochen von einem tauben Mann, der seine eigene Lautstärke nicht recht zu steuern vermag. Die sonderbaren Namen entstammen oft der Sprache der ursprünglichen Bevölkerung. Wir halten in Mallala nicht an. Auch in Katoomba haben wir nicht angehalten. Aber in Kalgoorlie werden wir zwei Stunden haltmachen, um das zweitgrößte Erdloch der Welt zu sehen, eine offene Goldmine.

In Adelaide muss Derek etwas »zu fressen« bekommen, wie er sagt: »Die tun doch verdammt noch mal an alles hier grünen Pfeffer in diesem Zug — *Capsicum — capsicum — capsicum — capsicum in bloody everything!* —, und mir reicht es, verdammt noch mal.« Kopfschüttelnd lächle ich über diese sonderbare Paranoia, die sich an etwas so Harmlosem wie grünem Pfeffer festmacht.

Ich nehme an dem Busausflug durch Adelaide teil. Die Stadt ist voller spannender Geschichten. In Adelaide lebte der Mann namens Ayer, nach dem der große rote Fels in der Mitte Australiens Ayer's Rock benannt wurde. Der Fels heißt jetzt offiziell Uluru-Kata Tjuta, weil er von der Urbevölkerung von jeher so genannt wird.

Bei unserer Abfahrt in Adelaide gibt es eine phantastische Neuigkeit. Schlafkojen Nr. 7 und 8 sind frei. Falls ich also will, kann ich die beiden letzten Nächte allein schlafen. Derek entpuppt sich zunehmend als im Grunde gute Seele — bei allem Anstrengenden. Und trotzdem wird es schön sein, ohne seine plötzlichen nächtlichen Aufschreie aus irgendwelchen Albträumen, ohne sein lautes Schnarchen, sein ewiges Rumoren, sein ständiges Arrangieren und Verschieben von Sachen — damit er sich geborgen fühlt. Ob er noch wirkliche Ruhe kennt? Ich glaube es nicht. Und Schlaf schon gar nicht. Er sieht jeden Morgen vollkommen erledigt aus. Als ich ihn einmal fragte, ob man ihm psychologische Hilfe angeboten habe, als er aus dem Krieg nach Hause kam, wandte er das Gesicht ab und schaute hinaus auf das Land, für das er gekämpft hatte. Lakonisch kam die Antwort.

»Einen Dreck hat man uns angeboten.«

In dem kleinen Cafeteriawagen, wo das schlechteste Essen serviert wird, das ich je in einem Zug erlebt habe, steht ein Mann mit Bürstenhaarschnitt am Kopf und langen Haaren im Nacken. Er hat ganz offenkundig einen üblen Kater, verflucht die lange Fahrt und bestellt einen Viertelliterkarton mit kaltem Kaffee. Wie sich herausstellt, ist er Goldminenarbeiter. Vielleicht ist diese unglaublich hässliche Frisur mit Rücksicht auf den Helm entstanden? Er war mit einem Kumpel in der Stadt. Sie haben in Adelaide getrunken. Drei Tage lang. Jetzt ist er auf dem Heimweg, um zur nächsten Schicht anzutreten. Eine Schicht besteht aus zwölfstündigen Arbeitstagen, über einige Wochen hin – nonstop. Dann nach Adelaide und feiern. Dann wieder hinaus und mit den großen Bohrmaschinen graben. Solche Leben gibt es offenbar auch. Tagein und tagaus. Nichts. Nichts. Nichts.

The Nullabore Plain ist die entstellte Fassung eines lateinischen Namens, der »Ebene ohne Bäume« bedeutet. Und genau hier, wo der Teilstaat Western Australia beginnt – erzählt der Guide vom Band, der immer mal aus den Lautsprechern zu hören ist –, werden wir einen Weltrekord aufstellen. Während wir eine der langweiligsten Gegenden der Erde durchqueren, gibt es noch eine Steigerung: Die Zugreise an sich ist noch langweiliger.

»Wir werden jetzt 477 Kilometer ohne eine einzige Kurve zurücklegen. Das ist die längste schnurgerade Eisenbahnstrecke der Welt«, sagt die australische Damenstimme.

Ich höre die Durchsage beim Essen. Die Mahlzeit passt gut zu der Aussicht auf roten Staub und welke Bäume. Seit zwei Tagen lebe ich von French Toast, Ei-und-Bacon-Muffins aus der Mikrowelle, Rührei aus Eipulver und diesen grauen Eintopfgerichten, die man uns mit der Blechkelle oben auf den gekochten Reis klatscht.

Eines Abends, als ich mein »Tagesgericht« serviert bekomme, sitzt mir Derek gegenüber und trinkt Bier. Derek trinkt viel Bier. Er trinkt meist Victoria Bitter. Aber er wird nie richtig voll. Nur immer schwerhöriger. Und dann spricht er lauter.

»Das heißt V. B. Steht für Vitamin B! Oder war es für Veggies and Beef? Jedenfalls lässt sich davon gut leben. Und es ist besser als der Dreck, den du da isst. Prost!«

Ich erhebe meinen Plastikbecher mit Weißwein, dem besten, den ich je gekostet habe. Klick! Diese Kombination aus der schönen gelben Farbe des Weines, den neuen Rissen des Plastikglases und dem lauwarmen Eintopfgericht – das ist eine groteske *nature morte*. Sollte ich diese Tour je noch einmal unternehmen, so beschließe ich, werde ich mir einen Platz im Gold-Kangaroo-Wagen gönnen, der einen Koch an Bord hat. So viel mehr kostet das nun auch nicht. Das Essen auf meinem Plastiktablett ist wirklich unappetitlich.

»Das ist doch überhaupt nichts für Menschen. Das ist doch Hundefraß!«, ruft Derek und schaut die Dame hinter der kleinen Theke provozierend an, als hoffte er auf einen Angriff, bei dem er sich mal so richtig entfalten kann.

Die Dame lächelt bloß nachsichtig. Sie kennt ihn. Menschen seines Schlags kennt sie gut.

»Das erinnert mich daran, dass wir drüben in Vietnam Hund gegessen haben.«

»Ihr habt Hundefleisch gegessen?«

»Klar. Das haben sie oft für uns gemacht, wenn sonst kein Fleisch da war. Man konnte es immer daran erkennen, dass es vom Kochen grau wurde wie Schweinefleisch. Dass wir so was bekamen, war nicht ungewöhnlich. Und es war immer grüner Pfeffer dran. Vielleicht, um den Geschmack des dreckigen Köters wegzunehmen? Capsicum-capsicum-capsicum!«

Am Ende ruft er das Wort ganz laut. Wirft der Dame hinter der Theke noch einen vielsagenden Blick zu. Na komm schon. *Go ahead – make my day.*

Später.

Ich langweile mich. Es ist früh am Morgen, und draußen vor dem Fenster ist nichts – nichts.

Später.

Ich langweile mich. Es ist Vormittag, und draußen vor dem Fenster ist nichts – nichts.

Später.

Ich langweile mich. Es ist Nachmittag, und draußen vor dem Fenster ist nichts – nichts.

Später.

Da! Glück gehabt! Ich habe zwei Kängurus gesehen, die von den Gleisen wegsprangen, als sich der Zug näherte. Sie waren größer, als ich erwartet hatte. Ihr Fell ähnelte dem struppigen Grau eines Schäferhundes. Stundenlang hatte ich im Speisewagen gesessen und Ausschau gehalten. Und kein einziges Känguru gesehen. Aber ich habe einen Wedgetail Eagle gesehen. Das ist Australiens Riesenadler. Seine Flügelspannweite beträgt bis zu zwei Meter dreißig.

Am Morgen des vierten Reisetages hält der Zug in der kleinen Ortschaft Northam. Hier sollen ein Postsack und ein Kriegsveteran abgesetzt werden. Derek. Er lebt hier. Und hier hat er einen Freund. Seinen Kumpel. Mit einer Frau kann er nicht zusammenleben, das würde nicht funktionieren. Er kann auch nicht so viele andere Menschen um sich haben. Das würde ebenfalls nicht funktionieren. Aber er hat einen Freund.

»Er ist Veteran, wie ich, und deshalb, ja, deshalb verstehen wir uns«, sagt Derek.

Er erzählt, dass sie zusammen australischen Fußball im Fernsehen anschauen. Zusammen ein Bier trinken. Zusammen essen. Solche Sachen.

»Einmal, da waren wir draußen in einer Schule und haben den Schülern von Vietnam erzählt. Das war hart. Wir haben doch gar keine Filter, wenn wir erst mal angefangen haben. Also haben wir einfach drauflosgeredet. Von abgerissenen Gliedmaßen und überall Blut. Von Grausamkeit. Davon, wie gefährlich Krieg eigentlich ist. Davon, wie viel Angst wir hatten. Als wir fertig waren, sind wir nach Hause gegangen und haben uns einen Kasten Bier geteilt. Ordentlich viel für jeden. Das nahm die Spitze weg. Aber mir ging es schrecklich.«

Derek erzählt davon, wie alles wieder hochkam. Aber

dann, ein paar Tage später, da kam ein Brief von der Klasse, vor der sie erzählt hatten.

»Das sei die beste Stunde ihrer gesamten Schulzeit gewesen, haben die geschrieben. Und alle Schüler haben den Brief unterzeichnet. Dieser Brief, der war das Ganze wert. Um uns ist es egal, wir sind nur ein paar alte Säcke. Aber wenn die kommenden Generationen erzählen können, dass Krieg scheiße ist und dass er Menschen vernichtet, dann war es nicht umsonst.«

Dereks Ansichten über den Krieg sind scharf. Wüsste der gewöhnliche Australier, was er weiß, dann würde Australien sicher nicht im Irak kämpfen.

»Das ist ein neues Vietnam. Und wir haben dort einen Dreck zu suchen.«

Die Augen sind ernst. Insistierend. Begreifst du das?

Derek wird von seinem Freund in einem grünen Pick-up abgeholt, mit Kängurugitter und einem langen Auspuffrohr, das bis übers Dach reicht. Die beiden Männer reden nicht miteinander. Derek steigt einfach ein. Dann fährt das Auto die Straße hinunter. Und ist weg.

Wir anderen müssen noch zwei Stunden weiterfahren, ehe wir Perth erreichen.

Keine Großstadt auf der ganzen Welt ist so isoliert wie Perth.

Ich – und die sechs Milliarden anderen Menschen

Ich konnte noch nie richtig gut allein sein.

Mein Leben lang hatte ich das Gefühl, ich sei von aller Welt verlassen, sobald ich in eine Situation geriet, wo ich allein war. Ich fühlte mich einsam und nicht wie ein Mensch, der mal eine Weile allein ist. Wie ein Mensch, der allein ist, ohne allein sein zu wollen.

Ich bin tatsächlich nie gern allein gewesen. Noch nie. Ich bin ein durch und durch sozialer Mensch. Ein Mensch mit ausgeprägtem Mitteilungsbedürfnis, der im Grunde nichts erleben kann, ohne sofort einen Artikel darüber zu verfassen, eine Notiz für einen Roman aufzuschreiben – oder, noch besser, darüber zu reden. Sag mal, hast du schon gehört … Alles muss beschrieben werden – sonst hat es nicht recht stattgefunden. Ich bin außerdem ein Mensch, der unglaublich gern Gruppen angehört. Ich kann mich daran erinnern, wie ich mir als Kind mein Leben als Erwachsener zurechtphantasierte. Zu der Vorstellung gehörte immer dasselbe: dass ich einer unter vielen war. Dass ich schon etwas Besonderes war, einzigartig, klar, aber immer unter Gleichgesinnten, von denen jeder auf seine Weise einmalig war. Und insofern waren wir alle einzig. Wir waren Homo sapiens. Für mich war es völlig okay, eine Nummer zu sein. Schließlich ist jede Nummer anders als alle anderen.

Ich träumte davon, Mönch zu werden und eine braune Kutte mit einem Strick um den Leib zu tragen. Gemeinsam mit meinen Brüdern würde ich Brot backen, Bier brauen, Käse herstellen, innig beten und psalmodieren. Innerhalb der Mauern wären wir alle vollkommen gleich. Bis ein merkwürdiges Problem entstünde. Dann wäre ich der Einzige, der es lösen könnte. So wäre jeder Einzelne ein Experte, aber richtig stark wären wir nur als Gruppe.

Eine andere Möglichkeit, die ich mir ausmalte, war, Soldat zu werden. Ich habe zwei Mal alle notwendigen Papiere für die Ausbildung zum Sprachoffizier ausgefüllt. Als sehr junger Mensch lernte ich Russisch, und ich stellte mir oft vor, wie ich wichtige Gespräche dolmetschen oder Flüchtlinge vernehmen würde. Ich wäre ein Soldat wie alle anderen, aber ich wäre etwas ganz Besonderes. Der Einzige, der die Sprache beherrscht. Ich war so sehr davon eingenommen, dass ich für die Oberstufe als Wahlfächer Englisch, Gesellschaftslehre und Russisch belegte – eine perfekte Kombination für einen Sprachoffiziersanwärter. Und ich kann mich noch an die Enttäuschung in den Gesichtern der Offiziere bei der Musterung erinnern, als ich eine Nummer zwischen 26 000 und 27 000 zog. Man musste unter 15 000 liegen, um hineinzukommen. Ich könnte mich doch freiwillig melden, erklärten mir die Herren in Uniform. Ich bekam die Papiere und füllte sie aus. Aber letzten Endes ist Krieg Krieg. Und ich sah mich nicht als einen Menschen, der auf einen anderen schießt.

Der letzte Traum, an den ich mich erinnere, war ein Dasein als anonymer Beamter. Jurist in einem Ministerium, ein *man in black*. Oder vielleicht einfach ein Ingenieur in einem riesigen Bauunternehmen? Gemeinsam könnten wir ein akutes Problem lösen oder eine Brücke über einen breiten Sund bauen. Jeder Einzelne würde seinen kleinen Anteil beitragen. Ich habe sogar einmal den ersten Teil einer Maurerlehre absolviert – so ernst nahm ich den Wunsch, von Grund auf etwas Kollektives zu erschaffen. Bis heute stehe ich oft vor Kirchen und denke an die realen Handwerker, die diese Steine aufeinandergeschichtet haben. Sie haben das alles gemeinsam gebaut. Aber jeder für sich war wichtig.

Ich bin kein Mönch geworden, weil ich nicht gläubig genug war. Ich bin kein Soldat geworden, weil ich keiner Fliege etwas antun kann. Und ich bin auch kein Ingenieur geworden, denn ich bin durch und durch ein Sprachmensch, und schon bei den Matheaufgaben fürs Abitur war der Widerstand enorm.

Also bin ich stattdessen Schriftsteller geworden. Von den Viehtreibern im australischen Outback und den Leuchtturmwärtern in Nordnorwegen vielleicht abgesehen, ist das wohl der einsamste Job der Welt. Man sitzt stundenlang ganz allein und schreibt. Man läuft jahrelang mit seinem nächsten Roman im Kopf durch die Gegend, ehe man Geld – und Zeit – genug hat, um ihn aufzuschreiben. Man durchlebt künstlerische Krisen ganz allein, weil in der Regel kein anderer Schriftsteller in der Nähe ist. Und wenn man endlich Zeit genug hat, um das Buch zu schreiben, fährt man weit hinaus aufs Land, um ganz allein zu sein. Ich glaube, es war der englische Schriftsteller Anthony Burgess, der Autor von *Uhrwerk Orange*, der sagte, man könne in Dublin keinen Roman schreiben, weil es dort so viele Pubs gäbe, dass jede Geschichte totgeredet wäre, noch ehe man sie aufgeschrieben hätte.

Ich habe die Einsamkeit immer gehasst und geliebt. Gehasst als konkretes Gefühl von Isolation. Aber gleichzeitig habe ich den Zustand geliebt, denn er bedeutet die tiefste Konzentration, die man erreichen kann. Sich ganz von anderen Menschen zu isolieren schafft mental Raum. Und als Schriftsteller ist man in Wahrheit auch nicht richtig allein. Denn man schreibt ja an jemanden, wenn man vorm Notizbuch oder vor der Tastatur sitzt.

Abgesehen von ziemlich viel Neid, der mir begegnete, als mich die Zeitschrift *Ud & Se* beauftragte, um die Welt zu reisen, lautete der häufigste Kommentar, den ich von Freunden und Bekannten gehört habe: Ist allein reisen nicht furchtbar einsam? Ist es nicht schrecklich, niemanden zu haben, mit dem man das alles teilen kann?

Meine bisher schlimmste Reise allein war die nach Tahiti. Tahiti ist eines der beliebtesten Reiseziele für frisch verheiratete junge Paare. Und jungen amerikanischen Paaren beim verliebten Turteln zuzusehen, dazu hat man als Single nun wirklich keine Lust. Allein an einen Ort reisen, der den Paarlauf geradezu feiert, ist irgendwie daneben.

Aber von diesem Erlebnis abgesehen, habe ich die vielen Reisen für die DSB tatsächlich als enorme persönliche Entwicklung empfunden. Auf den beiden ersten Reisen hatte ich Gesellschaft. Die erste ging durch Dänemark. Die zweite war die in Japan, und dort kommt man am besten voran, wenn man in Gesellschaft eines Japaners reist. Die letzte Reise war die zusammen mit meinem Vater nach England. Diese drei Fahrten waren super. Aber auf den anderen Reisen erlebte ich psychologisch tatsächlich eine Art Transformation meiner selbst. Ich lernte nämlich, allein zu sein. Zum ersten Mal in meinem Leben.

In der Schweiz war das richtig schwer. Mein Handy war von all den vielen SMS heiß gelaufen, und mir war buchstäblich zum Heulen zumute, weil ich dort ganz allein vor dieser romantischen Bergkulisse stand, ohne sie jemandem zeigen zu können. Zwar sollte alles aufgeschrieben und den *Ud & Se*-Lesern berichtet werden. Aber sie waren doch nicht da! Und die Geschichte, die sie am Ende bekamen, zeigte doch nur einen sehr kleinen Ausschnitt einer Reise, die insgesamt drei Tage gedauert hatte.

In Peru fühlte ich mich wirklich mutterseelenallein. Und als mich auf einem Marktplatz ein fünfzehnjähriges Mädchen betastete und mir sagte, ich sähe »so gut aus«, und als es mich dann fragte, ob ich verheiratet sei, da fühlte ich mich wirklich sehr einsam. Als mich unter der Dusche Krämpfe schüttelten – ich wollte den Sonnenbrand im Gesicht mit einer eiskalten Dusche kühlen und begann aufgrund der dünnen Luft zu zittern und zu hyperventilieren –, bekam ich richtig Angst.

Wenn ich jetzt umfiele, ohnmächtig würde, einen Herzanfall bekäme, dann wäre niemand da, um mir zu helfen. Ich war ganz allein. Und sehr weit weg von zu Hause.

Nach den ersten Reisen begann ich die Etymologie des Wortes *travel* buchstäblich zu spüren. Es kommt von dem französischen Wort für »arbeiten«, das wiederum von dem lateinischen Wort für foltern / quälen kommt, *tripilare*. Und Reisen ist tatsächlich strapaziös, immer noch – Wegfahren und Herumreisen und Heimreisen. Wenn man also eine Serie von längeren Flügen vor sich hat – nämlich jeweils bis zu zwanzig Stunden in eine Richtung –, dann beginnt man wie von selbst, Reisen zusammenzulegen. Die Reise in den Norden dauerte mehrere Tage, und ich spürte schon, bevor es losging, wie etwas in mir anfing zu stöhnen. Als dann die nächste Reise anstand, überlegte ich mir, dass ich doch genauso gut über einen richtig langen Zeitraum ganz allein sein könnte.

Deshalb legte ich die Reisen in die USA, nach Australien und China zusammen. Sie fanden nicht in der Reihenfolge statt, wie sie im Buch stehen, sondern nacheinander. Ich flog von Kastrup über Frankfurt nach New York City. In New York übernachtete ich einmal, ehe ich mit dem Zug die Strecke New York City – New Orleans fuhr. In New Orleans übernachtete ich einmal. Dann flog ich vom Louis Armstrong International Airport über Los Angeles nach Sydney. In Sydney schlief ich eine Nacht, ehe ich in den Zug von Sydney nach Perth stieg. Die Reise zog sich über sieben Tage hin. In Perth schlief ich eine Nacht, dann flog ich von Perth über Singapur nach Shanghai. In Shanghai blieb ich zwei Tage auf eigene Rechnung, dann nahm ich den Nachtzug nach Peking. Dort übernachtete ich einmal, dann flog ich von Peking nach Kastrup.

Mit anderen Worten – ich bin allein einmal um die Erde gereist. Und auf dieser Tour war es, dass alles irgendwie weiter wurde. Ich begegnete einem fremden Menschen nach dem anderen, ganz auf eigene Faust, und das klappte vorzüglich. Ich genoss es geradezu. Ich konnte mich sozusagen neu präsentieren. Niemand wusste, wer ich bin. Ich leistete mir wochenlang selbst Gesellschaft, allein, am Abend, in der Nacht, bei Ausflügen, im Zug sitzend, die Stirn an die kühlen Scheiben gelehnt.

Als ich bei der nächsten Tour den Mittelmeerraum bereiste, beendete ich die Fahrt in Neapel und fuhr zum Kloster San Cataldo, wo ich auch jetzt sitze und das Buch fertig schreibe. Zum ersten Mal überhaupt in meinem Leben habe ich gespürt, dass andere Menschen stören können. So gesehen will ich lieber nur allein sein.

Durch Südafrika bin ich mit The Blue Train gefahren, den Brautpaare oft für die Hochzeitsreise buchen oder ältere Paare, wenn einer der beiden sechzig wird. Aber ich fühlte mich gar nicht einsam. Im Gegenteil. Eigentlich fühlte ich mich einfach ... erwachsen? Psychologisch war auf all den Reisen etwas mit mir geschehen.

Als in Indien mein Pass weg war, bekam ich es echt mit der Angst zu tun. Aber zugleich entdeckte ich, dass ich gar nicht völlig untröstlich war. An der Situation war nichts zum Heulen. Es war schrecklich, doch, doch. Aber das wird schon wieder werden, oder? Wir finden doch sicher einen Weg. Ich konnte mit einem Mal auf ganz neue Weise mit Herausforderungen umgehen. Ich konnte auf eigenen Füßen stehen.

Als die Barriere der Einsamkeit überwunden war, kam mir das fast wie Zauberei vor. Seither hatte ich oft Lust, allein zu reisen. Ganz einfach, weil man die Dinge intensiver erlebt, wenn man allein ist. Es passiert nämlich genau dann, wenn niemand da ist, dem man alles erzählen kann, dass sich die Erlebnisse auf der Netzhaut einbrennen. Denn wenn niemand da ist, dem man alles erzählen kann, muss man es sich selbst erzählen. Man muss sich selbst als Publikum ernst nehmen. Man muss sich selbst Publikum sein lassen. Und auf einmal wechselt man von der Rolle des Erzählers in die desjenigen, der erlebt.

Weit draußen in der Wüste, inmitten von Australiens Nullabore Plains, lebt ein Mann ganz allein. Früher war er bei der australischen Eisenbahn angestellt, aber eines Tages zerbrach etwas in ihm. Er wollte weg von allem und haute einfach ab. Jetzt wohnt er mitten im Nichts. In einem Haus, das er aus Gerümpel, aus Resten und Abfällen errichtet hat. Man sieht ihn nie. Aber die Besatzung vom Indian-Pacific weiß, dass er da ist. Sie werfen ihm manchmal Konservendosen mit Essen hinaus. Wenn sie beim nächsten Mal vorbeikommen, sind die Dosen weg. Und sie können auch sehen, dass das Haus dann und wann eine neue Dachplanke aus Blech bekommen hat oder ein neues Fenster aus durchsichtigem Plastik. Als wir langsam an dem wüsten Durcheinander vorbeifahren, nehme ich alles in mich auf. Das ist eine wunderbare Geschichte. Ein Mann allein in der Wüste. Abgrundtiefe Einsamkeit. Aber ich schreibe kein Wort über ihn in *Ud & Se*. Das ist mein privates Erlebnis.

Die Jungfernfahrt

Paris – Neapel, Oktober 2005

Als ich auf dem Bahnsteig des Pariser Gare d'Austerlitz, wo mein Nachtzug nach Madrid abfahren sollte, neben dem spanischen Zug auf und ab ging, spürte ich sofort eine südländische Stimmung. Die Menschen, die dort mit Rucksäcken und Koffern standen und warteten, wirkten dunkler als die Einheimischen. Sie waren ernster. Aber nur an der Oberfläche, denn gleichzeitig wirkten sie flamboyanter. Als brenne ein Feuer in ihnen. Diese Reise – sie begann mit der Fahrt von Paris nach Madrid, mit wenigen nächtlichen Haltepunkten in Südfrankreich und Nordspanien – sollte eine Begegnung mit dieser ganz eigenen Stimmung werden, die das Mittelmeer über die Jahrtausende hin an seine Küsten gespült hat.

Später, in meinem kleinen pfirsichfarbenen Coupé, bemerkte ich, dass sich die Tür zu meiner privaten Toilette, die sogar mit einer Duschnische ausgestattet war, nicht mehr öffnen ließ. Der Schaffner, den ich ansprach, betrachtete mich und meine Gesten zunächst verständnislos. Dann begriff er. Er packte den Handgriff und drehte ihn kräftig, aber nichts passierte. Bereits bei seinem zweiten Versuch ging er heftiger zur Sache, als ich es je gewagt hätte. Beim dritten Versuch hängte er sich mehrmals mit seinem ganzen Körpergewicht an den Handgriff. Nichts passierte.

»So geht das nicht. Ich hole den Mechaniker«, sagte der Schaffner ernst.

Als der Mechaniker kam, wiederholte sich alles. Erst rüttelte er heftig an der Tür. Dann trat er wie verrückt auf sie ein.

Dann warf er sich mit seinem ganzen Körper hysterisch dagegen. Dann zerrte er am Handgriff und stemmte gleichzeitig die Füße gegen die Tür. Schließlich zog er einen kleinen Schraubenzieher aus der Tasche und fing an, auf das Schloss einzustechen. Aber nichts passierte.

»So geht das nicht. Ich hole einen größeren«, sagte der Mechaniker ernst.

Er kam mit einem Riesenschraubenzieher zurück, den er zwischen Tür und Rahmen stopfte. Dann drückte und zerrte er ihn hin und her. Farbe, Metallspäne und Holzsplitter flogen in alle Richtungen, und als sich die Tür mit einem Knall öffnete — von roher Kraft bezwungen —, sah mein kleines Badezimmer vor allem wie der Tatort eines primitiven Einbruchs aus. Der Mechaniker strahlte über das ganze sonnengebräunte Gesicht.

»Wer sagt's denn! Jetzt kommen Sie wieder ins Bad.«

Man soll nicht verallgemeinern. An sich gibt es keine Volkscharaktere. Und doch. Ich jedenfalls kann mir nur sehr schwer vorstellen, dass ein Schwede ein solches Problem je in dieser Weise angehen würde.

Das kleine Coupé ist schön, nicht zuletzt, weil ich es ganz für mich allein habe. Ich kann mir auf meinem kleinen Notebook *Carmen* anschauen, ohne jemanden zu stören. Der Auftakt ist ungestüm — geradezu derb, mit Pauken und Hörnern. *Carmen* ist übrigens die am häufigsten gespielte Oper. Vielleicht, weil sie so klar unser Vorurteil bekräftigt, dass heiße Leidenschaften gefährlich sind und in eiskalten Morden enden können?

Ich empfinde das Leben in den Mittelmeerländern immer als sinnlicher und präsenter und fleischlicher und saftiger als das im kalten Norden. Als ich in Paris im Virgin Mega Store stand, wurde mir mit einem Mal bewusst, dass die Mittelmeerländer eben genau das sind: ein katholischer Supermarkt, wo man so viel intensives Leben bekommen kann, dass es für einen ganzen Winter reicht. Mir ist klar, dass das eigentlich nur grobe Vereinfachungen sind, wenn es zum Beispiel um das südländische Temperament geht. Man sagt, die Menschen in Südeuropa seien warmherziger als die in Nordeuropa. Aber da spielt doch das Wetter der Sprache einen Streich. Denn innerhalb der Landesgrenzen ist es genau dasselbe: In der Provence sind die Menschen warmherziger als in der Normandie. Man soll also über solche Vereinfachungen nicht die Nase rümpfen. Ich komme aus einem Ort, dessen Fußballfans den albernsten Schlachtruf Nordeuropas haben: ›Holbæk, Holbæk, Nordwestseelands Paris!‹

In Madrid, meinem ersten Halt auf der langen Odyssee einmal um das Mittelmeer herum, bleiben mir vor dem nächsten Abpfiff nur vier Stunden, um ins Museum zu gehen. Ich entscheide mich für den Prado, weil dort Velázquez ausgestellt ist. Diego Velázquez ist einer der großen Meister des Barock. Er wurde 1599 in Sevilla geboren und starb einundsechzig Jahre später. Das galt damals als ein langes Leben.

Barock gehört in der Kunstgeschichte zu meinen liebsten Perioden, weil er einen nicht unberührt lässt – denn Gewalt ist seine Zier. Man kann davon entweder einen Orgasmus bekommen, oder man muss sich übergeben. Barock entstand als Kunstform mit breit angelegtem Appell, sie will den Kontakt mit ihrem Empfänger, sie fordert, nein, sie verlangt ihn. Barock ist die Kunstform, die eine schwülstige Verherrlichung der katholischen Kirche ebenso einschließt wie sublime psychologische Porträts inzüchtiger königlicher Antlitze. Barock – das ist schwindelerregend realistische Schilderung, Barock ist Pink, Barock sind auf die Leinwand geschmierte große Brüste, Barock ist der Widerschein auf einer Tischplatte aus Ebenholz, Barock ist ein eingefangener flüchtiger Moment. Barock ist Sinnenlust, Farbe, Form, Kontrast, Drama. Barock ist die Jagd nach dem Effekt, Barock sind Marmorsäulen in der Farbe von Pistazieneis und symbolische Stundengläser, die an den Tod gemahnen.

Ich spaziere weiter und lese in dem grauen Büchlein, das ich für einen Euro aus einem Automaten gezogen habe. Dort wird erwähnt, dass Velázquez es meisterhaft beherrschte, neue Strömungen in der Malerei in seinen eigenen Werken aufzugreifen, aber auf andere, ganz persönliche Weise. Deshalb wirkte er wie ein Prisma für die Kunst der Malerei des 17. Jahrhunderts. Sein Meisterwerk »Las Meninas« – das portugiesische Wort für Hofdamen – ist nicht einfach nur sein bestes Bild. Vielen Kunsthistorikern zufolge ist es das beste Gemälde des 17. Jahrhunderts. Als ich vor dieser unglaublichen Leinwand stehe, bleibt mir fast der Atem weg. Gemeinsam mit etwa fünfzig anderen Menschen stehe ich auf dem knarrenden Parkett und gaffe fünf – zehn – zwanzig – dreißig Minuten lang darauf. Wir schauen auf die grobe Leinwand, die 2,76 mal 3,18 Meter misst.

Da ist eine komplette Königsfamilie mit ihren Bediensteten versammelt. Aber auf eine besondere Weise. Einigen Interpretationen zufolge werden die Menschen auf dem Gemälde in einem großen Spiegel gezeigt, und alle schauen in eine andere Richtung. Das Bild hat etwas Magisches. Und es gibt genau die Definition von Barock wider. Es handelt vom Äußeren. Es fokussiert den Raum. Es deutet – mit Lichtwirkungen in den Kontrasten von Hell und Dunkel – auf die Materie selbst, eher noch als auf die Form. Es zeigt Menschen als Objekte, statt sie als Subjekte wiederzugeben. Es ist eine Kunst, die von schwellenden Formen und heftigen Farbeffekten, von Illusionen und Neckereien geprägt ist. Das Wort Barock kommt vom portugiesischen Wort *barroco*, und das bezeichnet eine schiefe Perle. Perlen sollen am liebsten kugelrund sein, aber das sind sie nur selten. Manchmal sind sie sogar völlig schief. Und genau das ist »Las Meninas«. Auf eine eigene und persönliche Weise lässt uns der Maler den Blick als solchen sehen und besonders den Blick des Künstlers – ein »bewusstes Sehen« sozusagen.

Als ich das Museum verlasse, sehe ich die Menschen um mich herum plötzlich mit ganz anderen Augen an, und ich spekuliere, ob Franzosen, Spanier und Italiener so sind: barock. Oberflächlich, schief, originell – auf die coole Art.

Das Äußere kann so manches sein. In Spanien ist es ein nach außen gekehrtes inneres Pathos, sodass man sich vor der Tiefe und dem Ernst manchmal sehr erschrecken kann. In Italien ist es ein tiefer Sinn für Ästhetik, der in einem Sinn für Kulissen jeglicher Art seinen Ausdruck findet. In Frankreich ist es eher wie eine Schicht Puder – verfeinerter, durchgestalteter, gebildeter. Mit das beste Beispiel dafür ist das Essen. In Spanien isst man Bäuerliches, es gibt Brot, Fleisch, Wein. In Italien isst man gern neun bürgerliche Gerichte auf einmal. In Frankreich speist man stets königlich. Das Essen ist noch immer die bedeutendste Sehenswürdigkeit von Paris. Die Kochkunst ist ja an sich keine Kunst, sondern ein Handwerk. Aber in Frankreich sind es ab und an die reinsten Geniestreiche, wie eine virtuos geführte Messerspitze durch die Soße des Desserts.

Bei Südeuropa denken wir an Essen mit Genuss. Schon möglich, dass sich Finnen mit Schnaps gehirntot saufen, aber in Südeuropa geniiiießt man seinen Rotwein. Ich denke daran, weil der Unterschied zwischen Katholiken und Protestanten am besten an ihrem zeremoniellen Abendessen abzulesen ist. Abendmahl bedeutet nichts anderes als – Abendessen. Aber für Christen bedeutet es auch Wein, Blut, Brot, der Leib unseres Herrn Jesus Christus. In dieser Zeremonie zeigt sich der Unterschied zwischen den beiden Religionen am klarsten. Ist das Abendmahl ein magisches Faktum oder eine abstrakte Fiktion? Wenn die Katholiken auf Lateinisch sagen *hoc est corpus*, »hier ist der Leib«, sparen sich die Protestanten diese Worte, das sei Hokuspokus. Und tatsächlich hat »Hokuspokus« seinen Ursprung in diesen drei Worten, die das Volk – des Lateinischen nicht mächtig – falsch verstand. Damit steht und fällt im Übrigen alles: Lüge oder Latein? Repräsentieren vielleicht die beiden Religionen den größten Unterschied zwischen dem Norden und dem Süden? Die weiß gekalkten Kirchen im Norden sind eine Huldigung des Innerlichen und Abstrakten. Die vergoldeten Posaunenengel im Süden sind eine Huldigung des konkreten Fleisches und des Sinnlichen in der Welt.

Ich kaufe in einer Buchhandlung Dan Browns Bestseller *The Da Vinci Code* und werfe den sechshundert Seiten starken Roman in meinen Koffer. Ich will wissen, warum Menschen auf der ganzen Welt sein Buch über die innersten Lügen des Katholizismus lesen. Es gibt jede Menge Zeit, zu philosophieren, während ich – mit 280 Stundenkilometern und mit Gerardo Nuñez' Flamencogitarre im Ohr – im Hochgeschwindigkeitszug von Madrid nach Sevilla rase. Später am Abend spaziere ich durch Sevillas verzaubernden Apfelsinenblütenduft und halte nach Carmen Ausschau. Ich sehe sie nicht.

Am nächsten Tag hat mich der Dämon aller Reisenden in seinen Fängen – die Müdigkeit. Einen Teil der Strecke zurück nach Madrid verschlafe ich. Dann fange ich an, Dan Browns Buch zu lesen. Der Polizeipräsident von Paris wird im Buch mit einem Stier verglichen – dem Tier, das in Spanien sowohl Gegner als auch Opfer und Metapher für die Volksseele ist.

In Barcelona schaffe ich einen Rekord in Blitztourismus. Ich halte mich insgesamt nur eine Stunde in der Stadt auf.

»La Sagrada Familia!« Fast schreie ich den Taxifahrer an.

Wir rasen in zwanzig Minuten durch Barcelonas Straßen. Ich springe aus dem Wagen und knipse Antoni Gaudís wahnsinnige Kirche, die nach organischen Formen gebaut ist. Er hasste die Geraden. In der Natur gibt es keine geraden Linien, lautete sein Credo. Die Kirche ist eine gewaltige Huldigung an den heiligen Joseph, den Beschützer der Arbeiter und der Familien. 13000 Menschen finden in der Kirche Platz, die nach Vollendung achtzehn Türme haben wird, fast alle mehr als hundert Meter hoch. Einhundertsiebzig Meter hoch soll der höchste sein. Der Bau dieses schwindelerregenden Gebäudes wurde 1882 begonnen. Gleich von Anfang an hatte man sich vorgenommen, dass die Arbeit daran gern so lange dauern dürfe wie im Mittelalter. Und man erwartet, dass die Kirche — die noch immer eine große Baustelle ist — erst 2020 fertig sein wird. La Sagrada Familia ist kein barockes Gebäude. Aber es eine schiefe architektonische Perle zu nennen wäre dennoch nicht verkehrt.

Nachdem ich Frankreichs Südküste verschlafen habe, steige ich in den EuroStar-Zug von Mailand nach Neapel. In Florenz lege ich einen Aufenthalt ein. Hier soll der Autor Marie-Henri Beyle — besser bekannt unter dem Pseudonym Stendhal — vor vielen Jahren nach unzähligen Museumsbesuchen geradezu einen Kunstschock erlitten haben. Ein Leiden, das man heute auch das David-Syndrom nennt. »Könnte ich es doch nur vergessen«, schrieb Stendhal 1817. »Ich bekam Herzklopfen. Das Leben sickerte aus mir heraus. Ich hatte bei jedem Schritt Angst, zu fallen.«

Als ich selbst einmal an den Tausenden von Gemälden in Florenz vorüberschlenderte, begriff ich, warum selbst Autoren wie Henry James und Marcel Proust darüber schrieben, wie überwältigend die Begegnung mit dieser Stadt für sie war. In Florenz ist *alles* von Kunst infiziert. In England gab es kürzlich eine Diskussion zum David-Syndrom, wobei mehrere Museen mitteilten, einen veritablen Schock angesichts der unbegreiflichen Schönheit der ausgestellten Werke habe dort niemand erlitten. Woraufhin ein englischer Kunstkritiker säuerlich anmerkte: »Nein, und dafür gibt es ja auch einen Grund.«

Ich esse um drei Uhr mein Abendessen, unterdessen donnert draußen die Toskana vorbei. Plötzlich gibt es kein blutiges Rindfleisch mehr und keinen kräftigen Rioja, sondern einen leichten Bresaola, milde Pasta, im Ofen gratiniert, Zitronentarte, und ein Chianti rundet alles ab. Außerdem ein ordentlicher Caffè Macchiato, zubereitet in einer richtigen Espressomaschine. Ein bisschen später im Barwagen will ein Mann unbedingt meine Schuhgröße wissen. Er öffnet eine Tasche voller Tennissocken, die ich kaufen kann, drei Paare für 10 Euro. Als ich nein danke sage, bessert er nach: drei für vier Euro? Nein danke. Unverkennbar – wir nähern uns Neapel. Wo die Taschenspieler den ganzen Arm nehmen. Wo Einbahnstraßenschilder als Vorschlag gedeutet werden. Wo Diebe dafür berüchtigt sind, von vorbeibrausenden Mopeds aus den Damen die Ohrringe aus den Ohren zu reißen, dass das Blut spritzt. Wo sich die Kunst und die Lebensqualität, das Leben an sich in seiner ganzen Vielfalt und in allen erdenklichen Formen ausbreitet.

Wie damals, als ich kurz nach meiner Ankunft zum Kastanienerntefest hoch oben in den Milchbergen südlich Neapels eingeladen war. Ich steige lange Treppen hinauf und klettere am Ende über Felsen, um hinzukommen. Die Bauern in karierten Hemden und Wanderstiefeln brutzeln Fenchelwürste auf einem alten Bettrost über offenem Feuer, während die Frauen – zwei davon schwanger, eine von ihnen im kreischlila Trainingsanzug – Kartoffeln und Nudeln zusammen mit Zwiebeln, Bauchspeck und Kräutern kochen. Vor dem Essen machen Salami in Scheiben und Parmesan in Würfeln die Runde. Wir trinken dünnen Rotwein, der aus gebrauchten Mineralwasserflaschen in Plastikbecher ausgeschenkt wird, und wir essen Fleisch und Salat von dünnen, tiefen Plastiktellern. Nach dem Essen und drei Kastanienkuchen und einem Teller mit Pistazien- und Mandelkonfekt stehen wir alle um die Tafel und singen gemeinsam. Unser Abendmahl ist auf seine ganz eigene Weise ein kleines barockes Tableau. Es ist volkstümlich, es ist schief. Und es hat fast etwas Heiliges, diese Huldigung der alten Großmutter, die noch immer den lokalen Wettlauf gewinnen kann, bei dem die Frauen darum wetteifern, mit einem Eimer Kastanien auf dem Kopf durch den ganzen Ort zu laufen.

Oder gestern Abend, als ich in dem kleinen Badeort Atrani in einem Restaurant direkt unten am Strand saß und Mozzarella aß und getrockneten Schinken. Plötzlich explodierte der Himmel in einem Feuerwerk. Eine Viertelstunde lang feuerten die Einheimischen auf raffinierteste Weise ihre Raketen ab. Sogar unter Wasser gab es glühendes Feuerwerk. Alles zur Ehre von Maria Magdalena, die – Dan Browns Buch zufolge – in Wahrheit gar keine billige Hure war, sondern eine zutiefst heilige Gestalt, weil sie als Ausdruck des weiblichen Prinzips ein Ursprung allen Lebens ist. Ursprung des Lebens an sich. Und in den katholischen Ländern feiert man das Leben und die Frauen. Im Alltag, an Feiertagen, immer. Die ganze Zeit. Faktisch bei jeder Bewegung. In Dänemark feiern wir die Frauen nicht. Das können sie selbst tun, denn wir haben Gleichberechtigung.

Ich weiß nicht, ob Franzosen oder Spanier in Wahrheit anders als Italiener sind. Aber nach meinem Gefühl sind die Menschen der drei Länder anders als alle, die weiter nördlich leben. Ich weiß auch nicht, ob der bunte Katholizismus besser ist als der nüchterne Protestantismus. Aber ich weiß, dass das, was ich einmal bei einer italienischen Hochzeit erlebte, in Dänemark nie hätte passieren können.

In einem kleinen Bergdorf wurde Hochzeit gefeiert, der Vater hatte einen roten Ferrari gemietet, die Braut trug das größte pfirsichfarbene Schaumgebäck der Welt, der Bräutigam hatte ein Pfund Pomade im Haar. In der Kirche stand der Priester und traute die beiden jungen Menschen – gebadet im Licht unzähliger Videokameras. Als der Priester der Braut den Ring auf den Finger gesteckt hatte, wurde die Zeremonie von ihrem neuen Schwager unterbrochen, der eine riesige Kamera auf der Schulter trug.

»Das hab ich nicht richtig mitbekommen. Das müssen wir noch mal machen.«

Der Priester nickte freundlich, zupfte den Ring vom Finger der Braut und fing noch einmal an bei »Willst du, Maria Raffaela ...«.

Als die Frau »Ja« sagte – mit demselben schüchternen Er-
röten wie zuvor –, begriff ich zum ersten Mal die Essenz des
Südländischen. Es war das Drama, die äußere Form, das kleine
Schauspiel, das die innere Wahrheit ans Licht brachte. Genau-
so wie Velázquez mit seinen Farben die barocken Seiten des
Lebens hervorbringt.

Das neunte Haus

Der klassischen westlichen Astrologie zufolge lässt sich das Leben, wie es sich in einem persönlichen Horoskop widerspiegelt, in einige Themen einteilen, die gemeinsame Züge tragen. Diese Themen werden traditionell »Haus« genannt. Wenn die Planeten durch ein Haus ziehen, wird sich ihr Einfluss in den betreffenden Lebensbereichen bemerkbar machen. Zum Beispiel das zweite Haus. Es berührt alles, was mit persönlichem Eigentum zu tun hat. Wenn also Jupiter, der Glück und Expansion bringen kann, durch das zweite Haus zieht, dann besteht Aussicht auf mehr Geld, mehr Wohlstand, viel Glück für alle.

Das neunte Haus ist ein eigentümliches Haus, weil es zwei wichtige Bereiche kombiniert. Heute würde man sie als sehr verschieden bezeichnen, traditionell hat man sie aber als ein und dasselbe aufgefasst.

Im neunten Haus denken wir die großen Gedanken. Im neunten Haus sind wir visionär und auf der Ideen-Ebene mutig. Im neunten Haus versuchen wir nach vorn zu schauen und in die Zukunft zu blicken. Aber um große Gedanken denken zu können, muss man sich vorbereiten. Es muss auf einen eingewirkt werden, sodass man überhaupt große Gedanken denkt beziehungsweise denken *kann*. Aus diesem Grund sind im neunten Haus eine ganze Reihe von Phänomenen zusammengefasst – der Stoff, aus dem gute Philosophen gemacht sind.

Weil es sich eben um die großen Gedanken dreht, finden wir im neunten Haus auch die Hochschulen. In diesem Haus kann man komplexe Zusammenhänge aller Art verstehen. Das neunte Haus deckt philosophische Diskussionen, religiöse Standpunkte, Herausgebertätigkeit aller Art, juristische Problemkomplexe und akademische Forschung höchsten Ranges ab. Die Planeten, die bei der Geburt einer Person im Haus stehen müssen, betonen, wie das Individuum seine höheren Bewusstseinsformen anwendet und wie der Betreffende seine mentalen Ressourcen erforscht. Im neunten Haus kann man deshalb ablesen, wie ein Mensch sich zu den edelsten Gedanken und Werten verhält, die wir kennen – zu Ethik und Moral.

Das ergibt alles zusammen ganz wunderbar Sinn. Das neunte Haus ist das der klugen Köpfe. Hier kann man sich intellektueller Besessenheit und Detaildenken hingeben. Zugleich kann man hier auffliegen und alles von oben betrachten. Das neunte Haus ist mit einem Wort das Haus der *Weisheit*.

Aber früher verstand man unter Weisheit nicht nur etwas, das sich in Büchern finden lässt. Und die alten okkulten Denker hätten resigniert den Kopf geschüttelt, hätten sie gehört, wie man heutzutage versucht, junge Leute von ihrem freien Jahr abzuhalten, wenn sie mit nichts als einem Rucksack und einem offenen Sinn durch die Welt reisen. Denn eben das Reisen ist diese zweite Gelegenheit, weise zu werden.

Das neunte Haus steht im weitesten Sinn für Gedankentiefe. Wer sind wir? Woher kommen wir? Wohin gehen wir? Gibt es uns überhaupt? Und wenn, wie sollen wir dann miteinander umgehen? Deshalb sind dem neunten Haus auch Reisen über große Entfernungen zugeordnet – für die kürzere Reise, die Fahrt zum Supermarkt ist das gegenüberliegende Haus zuständig, das dritte, das zum Beispiel auch die alltäglichen praktischen Probleme und das Kopfrechnen abdeckt. Das neunte Haus umfasst alle Formen internationaler Kommunikation genauso wie sämtliche Formen von Interaktion und Beziehungen zu Ausländern, sogar zu entfernten Verwandten – und den Schwiegereltern. Brüder, Schwestern und Nachbarn sind im dritten Haus!

Das Interessanteste am neunten Haus ist vielleicht, dass ihm das Ausbilden von Haltungen zugeordnet ist. Die eigene Sicht auf die Welt gestaltet sich nämlich aus der höheren Gelehrsamkeit und den Begegnungen mit »den anderen«. Denn bei der Begegnung mit »dem Fremden« genau wie bei der Begegnung mit neuem Wissen findet man heraus, wie man über »das Ganze« denkt. Was man von der Welt denkt. Von dem Erdball, auf dem wir leben.

Die klassischen westlichen Astrologen glaubten, die Sonne drehe sich um die Erde. Zu ihrer Verteidigung muss man sagen, dass es doch tatsächlich diesen Anschein hat. Das schöne rotgoldene Abendlicht heißt Sonnenuntergang – und nicht Erdrotation. Deshalb war für die Astrologen die Erde das Wichtigste. Sie ist schließlich – für die allermeisten zumindest – der einzige Ort, an dem wir sein können. Die Pioniere – typisch übrigens im Zeichen des Wassermanns geboren, wie auch der Unterzeichnende – haben es vielleicht deshalb stets geliebt, die Welt kreuz und quer zu erforschen. Die Erde ist alles, was wir haben. Wir haben nichts sonst. Aber was ist die Erde eigentlich? Und wie ist sie?

Die Erde ist der dritte Planet, von der Sonne aus gerechnet. Sie hat einen Mond – nämlich den Mond –, und bei einer Neigung von genau 23,45 Grad dreht sie sich um sich selbst. Schon hier könnte man einen Moment innehalten. Denn was heißt das eigentlich, dass die Erde rund ist? Oder dass sich der Mond um sie herumbewegt? Oder dass sie sich dreht?

Das alles versteht man besser, wenn man es einmal am eigenen Leib erlebt hat. Wenn man in Afrika den Mond am Nachthimmel hat liegen sehen. Wenn man einmal vom Jetlag so benommen war, dass man auf einer Bank im Flughafen an einen Fremden gelehnt eingeschlafen ist, weil die Zeit durch die Geschwindigkeit unseres kreiselnden Globus zerrissen ist. Man kann den Abstand zur Sonne besser verstehen, wenn man in Kiruna gesehen hat, wie klein die Bäumen bleiben, wenn sie nicht genug Sonne bekommen. Oder wenn man im Gesicht Verbrennungen ersten Grades erleidet, weil man so hoch oben im Gebirge war, dass man der Sonne näher war als gewöhnlich.

Der Durchmesser der Erde beträgt am Äquator etwa 12756 Kilometer. Sie fliegt mit 29,78 Kilometern in der Sekunde um die Sonne. Für eine Umrundung benötigt sie 365,256 Tage und Nächte. Sie braucht 23 Stunden und 56 Minuten, um sich um die eigene Achse zu drehen.

Das klingt kompliziert. Beinahe unverständlich. Aber man versteht es sehr viel besser, wenn man einmal in Sydney eine Straße hinuntergeschlendert ist. Laut Kalender ist in Dänemark Sommer. Aber hier tragen die Menschen Wintermäntel, Mützen und Handschuhe.

Die Masse der Erde beträgt 5,9742 Billionen Billionen Kilo. Das ist eine Menge. Und das versteht man vielleicht erst, wenn man über die unendlichen Hochebenen Südamerikas und Afrikas geflogen ist. Wenn man Gebirgsmassive gesehen hat, die so groß sind, dass es einem unfassbar erscheint. Wenn man in einem ja doch zivilisierten Land wie den Vereinigten Staaten plötzlich aus der Luft sieht, *wie* enorm die Entfernungen in Texas eigentlich sind – und *wie* öde es dort ist.

Die Oberflächentemperatur der Erde schwankt zwischen circa minus 70 Grad und circa plus 55 Grad Celsius, im Durchschnitt liegt die Oberflächentemperatur bei plus 15 Grad Celsius. Die niedrigste Temperatur, die je gemessen wurde, sind die minus 89,2 Grad, die man in der russischen Wetterstation Wostok inmitten der Antarktis registrierte. 58 Grad beträgt die höchste Temperatur, die je gemessen wurde – in Libyen. Die Atmosphäre besteht zu 78 Prozent aus Stickstoff, zu 21 Prozent aus Sauerstoff und zu einem Prozent aus anderen Stoffen.

Es gibt Hitze und Hitze und Hitze und Hitze. Die spröde Hitze in Indien. Die schwere, feuchte Hitze in New Orleans

nach einem waschechten *tropical storm*. Den lähmenden Back-
ofen namens Süditalien. Die harte strahlende Sonne in Australien. Eine Liste ist leicht zu erstellen, aber die Unterschiede
theoretisch zu erklären oder zu veranschaulichen ist so gut wie
unmöglich. Erst wenn man sie auf Reisen erlebt, lernt man, sie
zu verstehen. Erst auf der konkreten Reise begreift man, warum es Tropenhelme gibt, begreift man den bitteren Ernst der
Stoffstücke an der Rückseite von Uniformmützen und warum
Feldflaschen aus Metall hergestellt sind. In Australien lernte
ich die erschütternde Wahrheit über die Hitze. Oft findet man
dumme Touristen etwa zehn Kilometer von ihren Allradautos
wieder. Sie haben zu wenig Kraftstoff dabei. Und viel zu wenig
Wasser. Und wenn ihnen dann das Benzin ausgeht, laufen sie
los, bis sie ein Hitzschlag ereilt. Dann werden sie konfus und
gehen im Kreis oder vor und zurück. Sie kommen höchstens
zehn Kilometer weit. Dann sterben sie.

Es gibt Luft und Luft und Luft. In Lima in Peru ist sie so
schwer von Verunreinigung, dass man echt Angst bekommt,
sie einzuatmen. In Nordschweden ist die Luft so frisch, dass
man Lust verspürt, dorthin umzuziehen. In Sevilla riecht man
noch in den verkehrsreichsten Straßen den Duft der Orangen-
blüten. Man kann das alles nicht recht erklären. Um es wirklich zu kapieren, muss man es erlebt haben.

Die Erde ist ein phantastischer Ort zum Leben. Und wenn
man auf dieser trotz allem nicht endlosen Kugel reist, dann
trifft man ständig auf neue Dinge, die man sich niemals hätte
vorstellen können. Das Wetter ist vielleicht so, wie man es
noch nie erlebt hat. Blumen und Insekten sind vielleicht so selten, dass man sie noch nicht einmal in einem Buch gefunden
hat. Vögel sind vielleicht größer, als man es in seinen wildes-
ten Phantasien für möglich gehalten hat. Es gibt so viele verschiedene Ausprägungen von allem hier auf der Welt.

Die Wissenschaft hat inzwischen so viel über menschliche
Gene geforscht, dass wirklich sicher sein sollte: Es gibt

keine unterschiedlichen Menschenrassen. Es gibt einzig und allein den Homo sapiens. Das Wort »Rasse« ist unwissenschaftlich und ein Deckmantel für Mythen und soziale Konstruktionen. Wir entscheiden, dass einer »Neger« ist. Oder jemand entscheidet selbst, dass er es ist. Ein Chinese ist gar nicht gelb – die meisten haben sogar rote Wangen, jedenfalls in den frühen Morgenstunden in Peking. Und es gibt gar keine richtig weißen Menschen – wenn man von den britischsten aller Briten einmal absieht. Die Idee von den Rassen ist ein Relikt aus einer Zeit, als man politische Motive hatte, um zu »erforschen«, wer gut und wer böse ist.

Aber das soll nicht heißen, dass es nicht verschiedene Ausprägungen von Menschen gibt. In Wahrheit gibt es sogar unendlich viele davon. Es gibt ein ganzes Spektrum von Farben und Eigenschaften und Zügen. Auf meinen Reisen bin ich unglaublich blonden Menschen begegnet und unglaublich schwarzhaarigen – übrigens waren das nicht die Negroiden, sondern Indianer in Südamerika. Oder die Japaner in Japan – oder in Dänemark.

Beim Reisen wird einem bewusst, dass das neunte Haus in Wahrheit ein Hotelzimmer ist. Ein Bewusstsein, das man eigentlich von Anfang an hatte und das einen auf der Fahrt um die Welt begleitet. Langsam wird es moduliert und gemäßigt und modifiziert. Der Erdball ist wie eine Verwandlungskugel im Mund. Je länger man daran lutscht, desto mehr Schichten lösen sich ab und desto näher kommt man dem Kern der einen oder anderen Wahrheit über die Menschheit.

Und wenn man dieser Wahrheit begegnet ist, so formt einen das. Formt die Ansichten. Die Armut in der Dritten Welt kann einem nicht egal sein, wenn man in Afrika und Indien gewesen ist. Die Bevölkerungsprobleme der Welt können einen nicht unberührt lassen, wenn man auf einem gewaltigen Platz in China gestanden und den Druck all der anderen *gespürt* hat – ganz physisch. Die Umweltverschmutzung kann einem nicht

egal sein, wenn man Bombay vom Flugzeug aus beim Lande-
anflug durch dichten, dichten Smog gesehen hat. Andere
Menschen in anderen Ländern können einem nicht egal sein,
wenn man mit ihnen Tee getrunken hat.

Die Welt kann einem nicht egal sein, wenn man sie gesehen
hat. Denn wenn man sie gesehen hat, dann versteht man sie
viel besser. Man ist klüger geworden. Vielleicht auch weiser?

Schwarz auf weiß

Pretoria – Cape Town, Dezember 2005

Wir halten am Bahnhof von Riebeeck Park. Ich sitze in meiner privaten Luxussuite im Blue Train, einem der feinsten Züge der Welt, und schaue hinaus. Der Bahnhof ist in große Rollen Stacheldraht eingepackt, genau wie die Riesenvillen in den Vororten von Pretoria. Eine kleine Gruppe schwarzer Arbeiter geht an meinem Fenster vorbei. Hier im Zug sind die meisten Schwarzen angestellt, um die Weißen zu bedienen. Bereits im Lauf der ersten Stunde haben mich insgesamt sechs verschiedene Diener angesprochen.

Der erste war der Butler des Loungewagens. Er brachte mich von der eleganten Willkommenslounge mit exquisiten Kanapees und Kaffee zu Wagen 8, Suite 18. Der nächste war mein privater Träger, der meinen Koffer schleppte. Der dritte war mein persönlicher weiblicher Suite-Butler namens Mosa. Die junge Frau zeigte mir, wie die elektrischen Jalousien funktionieren, und erläuterte mir das Videosystem, das unter anderem mit einer Kamera an der Lokomotive des Zuges verbunden ist, sodass man mitverfolgen kann, was sich vor dem Zug abspielt. Der vierte war mein Speisewagenbutler, der um Reservierungen für Lunch und Abendessen bat. Der fünfte war der Zugchef Herbert Prinsloo, der einfach nur meinen Transfer vom Bahnhof in Kapstadt zu meinem Hotel bestätigen wollte. Der sechste war die Verkäuferin in der kleinen Boutique des Zuges, die mich am Telefon fragte, ob ich einen Termin vereinbaren wolle, um mir die Souvenirs ansehen zu können? Insgesamt sind in diesem Zug achtundzwanzig Menschen angestellt, die sich um maximal vierundsiebzig Passagiere kümmern. Aber unser Zug ist nur halb voll.

Vor meinem Fenster gleitet langsam ein Township vorbei. Die großen Gebiete mit den elenden Schuppen, wo die Schwarzen wie Tiere zusammengepfercht leben, liegen immer außerhalb der Städte. Schwarze Kinder mit Hohlkreuz streunen ziellos durch die Gegend. Schwarze Frauen tragen Kinder in Bündeln auf dem Rücken. Dunkle Männer sitzen an Bäume gelehnt auf der Erde, der Blick ist leer. Das ist der reinste Slum. Das sind fast Nichtgebäude. Als wären sie allesamt vom dümmsten der »Drei Schweinchen« gebaut und man könnte sie einfach umpusten.

Da draußen benutzen sie das dicke schwarze Gummi von Autoreifen, um die Dachplatten aus dünnem rostigem Blech oben auf ihren rostigen Schuppen zu halten. Hier drinnen benutze ich eine kleine weiße Serviette mit Goldlogo, um mein schweres Kristallglas mit sprudelndem Mineralwasser auf der Tischplatte aus dunklem exotischem Holz zu halten. Uns trennt einzig eine schusssichere Scheibe.

Ich schiebe die königsblaue Kissenrolle mit der Goldtroddel unter meinen Arm und lehne mich zurück, schwindelig, träge, benebelt. Fast fiktiv. Das Ganze ist so kolonial, dass es einem unwirklich erscheint. Nicht das Afrikanische ist unbegreiflich. Auch nicht das Europäische. Es ist dieser kolossale Mischmasch von Kulturen. Der soziale Abstand ist geradezu absurd – obwohl alles direkt nebeneinanderliegt. Es ist fast wie der Abstand zwischen den hungernden Seelen draußen vor dem Zug und den Speisen hier drinnen. Mein Lunch war so unglaublich, dass ich vom bevorstehenden Abendessen nur im Fieberwahn träumen kann.

Ich nahm an einem eigenen Tisch mit weißer Tischdecke Platz. Danach kämpften frisch gebackenes Brot, kühle Butter, die Speisekarte und die Weinkarte mit Goldecken darum, wer zuerst an die Reihe kommt. Zur Einstimmung wählte ich eine cremige Gemüsesuppe mit Croûtons. Dazu bestellte ich einen guten Weißwein – einen Lourrensford, Jahrgang 2004, aus dem Weinanbaugebiet Stellenbosch, der aus der eigenwilligen Viognier-Traube angebaut wird. Anfangs begriff ich das System nicht so recht. Hatte ich ein Glas oder eine Flasche bestellt?

»Hier gibt es immer ganze Flaschen«, sagte mein Kellner beinahe entschuldigend lächelnd. Aber da alles – alles – an Bord im Fahrkartenpreis eingeschlossen ist, kann man ja einfach drauflosbestellen. Eventuelle Reste oder halbe Flaschen Wein und Likör werden auf der Stelle weggeschafft oder einem in die Suite gebracht, ganz nach Temperament.

Das Hauptgericht war ein kleiner Braten, Beef Fillet Stellenbosch. Mit Senfkruste und einer unbeschreiblich intensiven Soße, zubereitet mit Cabernet.

»Und zu trinken?«, fragte mein Kellner freundlich.

Ich entschied mich für einen Diemersfontein Carpe Diem, Jahrgang 2003, aus Wellington. Er ist aus der Pinotage-Traube angebaut, die es nur in Südafrika gibt. Nach der mittäglichen Hauptmahlzeit schob man mir eine große Platte mit südafrikanischen Käsesorten vor die Nase – bitte sehr! Danach fragte der Kellner, ob er mir Keks anbieten dürfe. Danke, gern. Zum Schluss bekam ich ein kleines Glas Klein Constantia, ein dickflüssiger, fast zuckeriger Dessertwein. Ein Wein, der stets der Favorit des Freiheitskämpfers, Nobelpreisträgers und Präsidenten Nelson Mandela gewesen ist, wenn ihn die Weißen nicht gerade für ein Menschenalter auf Robben Island eingesperrt hatten. Beim Kaffee hob ich kaum eine Augenbraue, als ich erfuhr, mein KWV-Brandy sei zwanzig Jahre alt. Klar doch!

Diese Reise ist so vielschichtig, dass ich manchmal am liebsten laut schreien möchte. Die Welt ist wie auf den Kopf gestellt. Das ärmste Land, das ich bisher gesehen habe, ist reich an fast allem – abgesehen von Gerechtigkeit. Die Reichen im

Zug sind in mancher Hinsicht unendlich arm, wenn sie mit eingeschüchterten Blicken so verachtend auf ihre Mitmenschen draußen schauen. Ich sitze hier und träume, diese ganze Perversität – das Koloniale als Sinnbild – ließe sich auf einen Lehnstuhl aus dunklem geschnitztem Holz, bezogen mit echtem Zebrafell, vereinen. Ich träume, dass ich selbst einer dieser Übermenschen der vergangenen Zeit hätte sein können – weil ich es verdiene, weil ich es wert bin, weil ich weiß bin, kreideweiß. Plötzlich spüre ich, wie leicht Macht ist. Wie leicht Chauvinismus ist. Wie leicht Rassismus ist. Ein Dichter erzählte mir einmal, Rhythmus an sich sei leicht. Der synkopierte Rhythmus – der neue Takt, der neue Ton, der neue Gedanke –, der sei schwer. Vielleicht, denke ich, kämpft das neue Südafrika deshalb so hart. Es muss einen Rhythmus finden, der schwere Bongotrommeln und vibrierendes Becken gewissermaßen in sich vereint.

In meiner Suite wird es später am Nachmittag Zeit für eine leichte Erfrischung vor dem Abendessen, wie im Programm angekündigt. Ich dusche und trockne mich mit den vornehmen flauschigen Handtüchern ab. Während der gesamten Reise muss ich mich beherrschen, um nicht ob der vielen kleinen Details laut zu jubeln. Denn der Luxus im Zug ist wirklich unfassbar. Zum Beispiel in meiner Duschkabine mit der facettierten Glastür, als ich die Fußbodenheizung spüre. Ich ziehe einen kamelhaarfarbenen Samtanzug an, ein Hemd mit zarten braunen Streifen, dazu eine schräg gestreifte, kaffeebraune Krawatte. Das alles wurde anlässlich dieser Reise bei einem Schneider in Dänemark eingekauft. Für den Zug gelten nämlich strenge Kleidervorschriften. Ohne gutes Jackett und Krawatte ist der Zugang zum Speisewagen unmöglich. Als Alternative sind nur authentische afrikanische Nationaltrachten zugelassen.

Nonchalant schlendere ich durch den Zug und komme schließlich in den Loungewagen, wo ich um meinen Sundowner bitte. Ein Drink bei Sonnenuntergang ist eine südafrikanische Tradition. Ich bekomme einen Dry Martini Cocktail. Ich nehme auf einem üppigen Sofa Platz. Ich blättere in einem schönen Fotoband oben vom Regal, voller Aufnahmen von den Safaris im Kruger Nationalpark. Während ich betäubte Elefanten und wilde Löwen betrachte, nippe ich an meinem Drink – er gleicht einem flüssigen kegelförmigen Diamanten. Neben mir beginnt ein Paar sich zu streiten. Sie fauchen wie die Löwen in meinem Buch. Ich hätte Lust, sie daran zu erinnern, was die Reise kostet, aber ich halte mich zurück.

Später am Tisch mit dem gestärkten weißen Tischtuch esse ich als Hauptgang ein dickes Steak von Südafrikas Wappentier, dem Springbock. Es erhebt sich wie ein kleiner Turm auf dem Teller, dazu gibt es Schweizer Rösti und einen Klecks provenzalische Ratatouille. Als das Dessert kommt – Regenbogeneis aus dicker süßer Sahne, garniert mit Apfelsinenstücken, frischer Minze und Beeren – fällt mir ein, dass Südafrika unter der Bezeichnung *Rainbow Nation* bekannt ist. Der neue Aufkleber auf meinem Koffer ist aus der südafrikanischen Flagge gemacht, die fast alle Nuancen aufweist. Genau wie die Menschen.

Als ich noch später auf einem Barhocker im Club Car sitze, gibt es Brandy, kleine Cocktails und eigenartige Liköre, die ich – meinem persönlichen Barkeeper namens Frits zufolge – unbedingt kosten muss. Er serviert mir die südafrikanische Antwort auf Bailey's – Amarulla – mit und ohne Eis, damit ich den Unterschied schmecken kann. Später stößt der Zugchef Herbert Prinsloo dazu. Ein Farbiger, groß, mit leicht gebräunter Hautfarbe. Als ich ihn frage, was »farbig« eigentlich bedeutet, erklärt er, dass die drei Rassen in Südafrika – Weiß, Farbig und Schwarz – auf eine politische Entscheidung während der Apartheid zurückgehen.

»Alle Personen in Südafrika wurden einer solchen Kategorie zugeordnet. Und das war nicht immer logisch. Ich habe zwei Neffen, Zwillinge, die landeten jeweils in einer anderen Kategorie. Der eine ist weiß, der andere farbig. Und als ich Kind war, gab es jedes Mal mächtig viel Ärger, wenn wir die Schwester meines Vaters in Elizabethtown besuchten. Wir schwammen im Pool und balgten uns und lachten. Das Problem dabei war nur, dass mein Onkel weiß war – aber sein Bruder, mein Vater, farbig. Deshalb durften wir offiziell gar nicht dort sein. Apartheid war nicht immer sehr rational«, sagt der große freundliche Mann, dessen Englisch einen beinahe indischen Klang hat.

Der Barkeeper Frits, dessen Revers künstliches Zebrafell schmückt, schüttelt begütigend den Kopf. Und aus Zucker, Zitrone, Wodka und Blauem Bols schüttelt er anschließend einen Blue Train Cocktail als Schlummertrunk für mich.

Am nächsten Morgen wache ich davon auf, dass mein Frühstück angekündigt wird. Ich hatte in weiser Voraussicht darum gebeten, dass es mir in meiner Suite serviert wird. Noch nie habe ich mit so schwerem Besteck gefrühstückt. Das muss massives Edelmetall sein.

Der Vormittag vergeht mit Aus-dem-Fenster-Schauen. Die Aussicht zeigt jetzt abwechselnd Weinfelder, Slums und schöne alte Häuser im Kolonialstil. Um elf Uhr bringt mir Mosa eine Zeitung, den *Weekend Argus*. Die Titelgeschichte handelt von europäischen Pädophilen, die inzwischen auch in Kapstadt ihr Unwesen treiben. Die Zeitung hat vier Opfer gefunden, die in die Klauen des erklärten pädophilen Schweizer Anwalts Peter Zimmermann geraten waren. Er kam mit einer Buße von etwa 10 000 Kronen, also ungefähr 1 300 Euro, davon, ehe er nach Hause fuhr. Ich lehne mich erschüttert in den Plüsch des Sessels zurück. Pädophilie. Mitten zwischen Bacon, Ei und frisch gepresstem Orangensaft.

Zehn Minuten später kommt Mosa wieder. Dieses Mal, um mir ein Diplom und eine goldene Uhr zu überreichen. Aber mich kann nichts mehr überraschen.

191

Meine Reise endet in Kapstadt, das sich wie ein Halbmond um das legt, was die Einheimischen Table Mountain nennen. Der rund 600 Millionen Jahre alte Tafelberg ist die älteste Gebirgsformation der Welt. Man bezwingt den einen Kilometer hohen Fels am leichtesten mit einer modernen Schwebebahn. Oben auf dem Plateau, das den flachen Gipfel bildet, erlebe ich einen eigenartigen Nager, der unter dem Namen Dazzie firmiert. Ein rattenartiges Etwas von circa drei Kilo, dessen nächster biologischer Verwandter der gewaltige Elefant aus der Savanne ist. Wieder erfahre ich, dass die größten Gegensätze durch innere Zusammenhänge miteinander verknüpft sein können. Auf dem Tafelberg hole ich mir im Gesicht Verbrennungen ersten Grades, weil ich die Sonnenschutzcreme im Hotel vergessen habe. Weil ich ein dummer weißer Mann bin. In den Tagen danach hängt mein ganzes Gesicht, meine ganze Identität in Fetzen. Ich häute mich wie ein völlig neues afrikanisches Kriechtier.

Zugtraumata

Es hat für mich schon ein Leben im Zug gegeben, ehe ich für *Ud & Se* um die Welt reiste.

Dieses Zugleben war auch voller schöner Erlebnisse und verlief in geregelten Bahnen. Ich erinnere mich gut an meine erste lange Reise allein. Als ich fünfzehn war, fuhr ich mit der Bahn nach Zürich; ich sollte zwei Wochen bei einer Schweizer Bauernfamilie verbringen. Das wurde ein Erlebnis fürs Leben, und ich kann noch heute »Küchenschranktür« in echtem Schwyzerdütsch sagen – das heißt *chuchichäschtlidüre*. Als ich anlässlich meiner Reise mit dem Glacier Express in Zürich in nostalgischer Stimmung ein bisschen shoppen wollte, erlebte ich allerdings, wie viel Zeit vergangen war, seit ich zuletzt in der Schweiz gewesen war. Ich fragte nach Bündnerfleisch – luftgetrocknetes Fleisch – und einem großen Stück des milden feinen Rotkäses, der berühmt ist für seine rote Rinde.

»Rotkäse?«, wiederholte der Verkäufer. »Den haben wir nicht. Aber ich kann Ihnen stattdessen diesen hier empfehlen.«

»Ich möchte aber doch am liebsten den Rotkäse«, versuchte ich es.

»Es tut mir leid, mein Herr, aber die Produktion wurde schon vor vielen Jahren eingestellt.«

So fliegt die Zeit dahin. Man meint, das sei erst gestern gewesen. Dabei sind bereits viele Jahre vergangen. Oder man meint, etwas sei doch viele, viele Jahre her – und trotzdem erinnert man sich daran, als sei es gestern gewesen. Ganz klar und deutlich. Wie durch eine frisch geputzte Scheibe.

Die Zugreisen meiner Kindheit sind am stärksten geprägt von einer ganz bestimmten Eisenbahnstrecke. Wenn man, wie ich, in der Provinzstadt Holbæk geboren und aufgewachsen ist, die sechzig Kilometer westlich von Kopenhagen liegt, kann man im Grunde nur eine Reise unternehmen – man fährt »in die Stadt«. Das ist eine bescheidene Reise, die in meiner Kindheit genau eine Stunde dauerte, heute aber – sogar mit dem Doppeldeckerzug – in etwas kürzerer Zeit zu schaffen ist.

An viele Einzelheiten der Zugfahrten meiner Kindheit erinnere ich mich sehr deutlich, auch wenn die Erlebnisse zum Teil inzwischen mehr als dreißig Jahre zurückliegen.

Die Sitze der alten Züge waren aus Stoff, grob und braun meliert, nur die Ohrenklappen – die Sitze sollten stilisierten Ledersesseln gleichen – waren aus braunem Leder. Man saß recht bequem, soweit ich mich erinnere. Die Polsterung war weicher als heute.

Auch die Fußböden waren anders. Kinder schauen wohl mehr auf den Fußboden, als Erwachsene es tun, jedenfalls tat ich es, und ich weiß noch, dass sie aus irgendeinem Plastikmaterial waren, das an Holz erinnern sollte. Die Türen zu den Abteilen waren wahnsinnig schwer, und man musste beide Hände nehmen, um sie aufzuschieben. Sie waren fast immer defekt, weshalb man sie wieder zuschieben musste. Wenn man das vergaß, riefen die anderen Fahrgäste hinter einem her.

»Du bist wohl in der S-Bahn geboren, wie?«

Die Fensterscheiben konnte man rauf- und runterschieben, so wie die Scheiben in amerikanischen Hochhäusern. Sie klemmten fast immer, aber wenn man sich mit dem ganzen Gewicht seines Körpers an den schweren Handgriff hängte, konnte man sie manchmal ein Stück nach unten bewegen. Sie waren meist schmutzig, und sie waren immer eiskalt, wenn man seine Nase daranhielt oder die Wange daranlegte. Ich bin mir nicht sicher, ob das überhaupt Thermoglas war. Ich weiß eigentlich nur, dass der kleine Heizkörper, auf dem man seine orange und schwarz karierten Ole-Olsen-Gummischuhe stellte, immer bis zum Anschlag aufgedreht war.

Damals gab es viel mehr Raucherabteile als heute. Als meine Zugfahrten anfingen – irgendwann Mitte der Siebziger – war in etwa jeder zweite Wagen den Rauchern vorbehalten. Damals gehörten zu den Rauchern auch die Zigarillo- und die Pfeifenraucher. Das war die Zeit, als man Kettenraucher war, wenn man vierzig Stück am Tag rauchte. Mein eigener Vater rauchte in seinen besten Zeiten sechzig. Ich rauchte nur zwei, drei, als ich mit zwölf anfing. Das kann man sich heute kaum vorstellen, wo niemand mehr raucht, ich auch nicht. Aber ich erinnere mich gut.

Dasselbe gilt für die Uniformen im Zug. Die Angestellten der DSB trugen immer braune Uniformen. Kackbraun, sagten die Leute. In Wahrheit waren die Zugschaffner in den Siebzigern nach dem neuesten Schrei gekleidet. Die Uniformen waren aus leicht derbem Stoff genäht, vielleicht aus Gabardine. Sie hatten schöne Knöpfe.

Damals rief keiner der Schaffner »Karten!« oder »Fahrscheine!«. Sie fragten nur: »Jemand neu zugestiegen?« Der Grund war, glaube ich, dass es damals niemanden gab, der einen Fahrschein hatte. Die Fahrkarte war ein kleines Pappstück, in das Datum und Zeit, Abfahrtbahnhof und Ankunftsbahnhof gestanzt waren. Wenn der Schaffner kam, hatte er eine Zange, mit der er eine lange Nummer in die Fahrkarte knipste.

Ich weiß noch, wie es war, früh am Morgen mit dem Zug zu fahren, der voller Büroangestellter und Schüler war, die in die Stadt mussten. Ich weiß noch, wie es war, mit den menschenleeren Zügen zu fahren, wenn der Zug mitten am Tag in die Stadt fuhr. Und ich weiß noch, wie die Zugfahrt manches Mal zum reinsten Fest wurde, wenn man am Sonntagabend nach Holbæk hinausfuhr, weil die Internatsschüler immer so einen Ghettoblaster dabeihatten, wie sie zu Anfang der Achtziger beliebt waren. Der Schaffner bat die Schüler, ihn auszuschalten, und sie schalteten aus. Aber zehn Minuten später dröhnte Duran Duran wieder volle Pulle aus diesem Wunderwerk mit Doppelkassettendeck und allen Schikanen.

Währenddessen saß ich da und hielt die Wange an die Scheibe und sah den diagonalen Tränen zu, die der Regen über die Scheiben schob. Ich merkte mir die Schilder an den Bahnhöfen, jedes Mal, wenn wir anhielten.

Freitags sah ich die Schilder Holbæk, Vipperød, Tølløse, Hvalsø, Lejre, Roskilde, Trekroner, Hedehusene, Høje Taastrup, Glostrup, Valby, København H, Nørreport und Østerport. An Sonntagen in umgekehrter Reihenfolge.

Schon als ich neun Jahre alt war, begann meine angespannte Beziehung zu der Strecke zwischen Holbæk und Kopenhagen. Die autobiographische Geschichte habe ich in meinem ersten Buch *Ich werde es sagen* beschrieben. Sie handelt davon, wie ich als Kind den sexuellen Übergriffen eines pädophilen Mannes ausgeliefert war. Dieser Mann lebte in Kopenhagen, und um ihn besuchen zu können, musste ich den Zug nehmen. Anfangs waren es schöne Wochenendausflüge, bei denen ein Junge aus der Arbeiterklasse wie ich die Augen aufsperrte. Aber die Freude war bald schon getrübt. Nach Kopenhagen zu fahren war etwas, wovor ich mich fürchtete, was ich aber nicht vermeiden konnte, ohne das zu enthüllen, was, wie ich fürchtete, mein Tod wäre, sollte es herauskommen. Also sagte ich nichts. Ich nahm halt den Zug, wie alle es von mir erwarteten.

Aber insgeheim machte ich etwas. Ich sammelte die Fahrkarten von allen Bahnfahrten. Ich kann mich daran erinnern, wie ich mir vorstellte, dass sie bei einem Gerichtsprozess eine Rolle spielen würden. Als ich später mit der Polizei darüber sprach, fluchte der Beamte, als ich sagte, sie seien leider weggeworfen worden. Denn sie wären tatsächlich gute Beweise gewesen. Auf jede einzelne Fahrkarte waren Datum und Uhrzeit gestempelt. Man hätte genau sehen können, wann ich dem psychopathischen Universum dieses verrückten Verbrechers ausgesetzt war.

Die Fahrkarten. Ich kann mich gut an sie erinnern. Ich sammelte sie in einer Kodak-Schachtel für Fotopapier. Oder war es Agfa? Plötzlich kommen mir Zweifel. Aber ich weiß noch, dass sie gelb war. Die untersten Fahrkarten waren diese kleinen harten Pappstücke mit den eingestanzten Ziffern. Dann kamen die ersten hektographierten Fahrkarten, fast so groß wie eine Postkarte. Die Buchstaben aus lauter kleinen Punkten standen nie in einer Linie. Die Fahrkarten der nächsten Generation waren länger, nämlich etwa doppelt so lang. Ich musste sie falten, damit sie in die hintere Tasche der Jeans passten.

Die Phase, als ich oft nach Kopenhagen fuhr, davon ein Jahr lang etwa jedes zweite Wochenende, inklusive Ferien und Feiertage, erstreckte sich insgesamt über circa drei Jahre. Sie begann im Herbst 1980, da war ich neun Jahre alt, und endete kurz nach meinem Geburtstag 1984, da war ich dreizehn. In dieser Zeit fuhr ich andauernd mit der Eisenbahn. Und die Fahrten wurden immer angespannter.

Ich kann mich noch erinnern, wie wir die Schilder passierten und ich immer trauriger wurde. Schon in Hvalsø war ich leicht nervös. In Roskilde war ich wie gelähmt, innerlich kalt. Kopenhagens Hauptbahnhof, wo all die Kinder, die ins Tivoli gehen wollten, jubelnd ausstiegen, war der Ort, an dem ich die letzten Minuten für mich allein genoss. Ab Østerport war damit Schluss. Mein Gehirn funktionierte auf Autopilot, meine Gefühle waren weggesperrt, mein Körper war durch einen eigentümlichen psychologischen Mechanismus wie vom Kopf getrennt; das wieder abzubauen hat den größten Teil meines Lebens in Anspruch genommen.

Der Zug wurde für mich zum Sinnbild für das Unabänderliche. Wenn man sein eigenes Auto hat, kann man einfach abbiegen oder an die Seite fahren und anhalten. Man kann seiner

Wege fahren, und man kann beschließen, später anzukommen, wenn man das Bedürfnis danach hat. Aber bei der Eisenbahn sind die Schienen festgelegt. Sobald man eingestiegen ist, steht das Ziel fest. Natürlich kann man aussteigen, wenn man will. Aber wenn man sitzen bleibt, dann weiß man, was passieren wird. Man fährt bis zur Endstation. Der Zug ist wie das Schicksal. Unabänderlich. Unentrinnbar. Unausweichlich. Das, was geschehen muss, geschieht.

»Nächster Halt Østerport. Der Zug endet hier.«

Deshalb waren diese Reisen mit dem Zug für das Eisenbahnmagazin *Ud & Se* durch die ganze Welt in gewisser Weise wie eine Art Therapie für mich. Meine Freude am Zugfahren wurde aufs Neue geweckt. Ich habe den kleinen Jungen wiedergefunden, der erwartungsvoll aus dem Fenster hängt und seiner Mutter zum Abschied zuwinkt, als er zum ersten Mal mit seiner Klasse ins Tivoli fährt. Die Türen fallen mit jenem besonderen Knallen zu, das man in den heutigen Zügen richtiggehend vermissen kann. Jetzt ist es so weit – RUMS! Und der Schaffner pfeift mit seiner kleinen schwarzen Trillerpfeife. Immer auf die gleiche Weise – füüüüjitttt! Und dann fahren wir los. Hinaus in die Welt, um all das Wunderbare und Spannende zu erleben. Hinaus in die Welt, um zu spüren, zu merken, zu hören, zu schmecken, zu riechen. Hinaus in die Welt mit DSB: *Ud og se med DSB (Hinaus und schauen mit der DSB)*, so lautete der Slogan einmal, ehe der zweite Teil abgeschnitten wurde und nur noch der erste Teil als Name eines Magazins übrig blieb.

Ud & Se.

Und in Indien

Bombay – Goa, Januar 2006

Und in Indien werde ich daran erinnert, dass ich immer Geschichten geliebt habe, die mit dem Wörtchen »und« anfangen. Da kann man schon gleich beim ersten Wort merken, dass sich diese Geschichten wie in einer großen Spirale immer weiter und weiter entwickeln. Und so gesehen steckt in dem kleinen Wort bereits die ganze Geschichte.

Und in solchen Geschichten beginnt das Ganze mit einer Geste, die zeigt: Alles ist nebengeordnet. Alles ist gleich gültig, ohne gleichgültig zu sein. Die Geschichten werden sich in die sinnliche schnurrende Wahrheit der Erzählung hineinstürzen, sie scheren sich nicht um das, was vorher schon da war oder nachher kommen wird. So erinnert uns »und« stets diskret an die Ewigkeit. Aber ganz konkret ist »und« immer nur gerade das Hier und Jetzt. Ein Sekundenbruchteil zwischen Vergangenheit und Zukunft. Und bitte sehr – uuuund Action!

Und die Buddhisten in Indien leben in der Gegenwart, mitten im »und« – ohne etwas vorher oder nachher. Oder das Jetzt. Jetzt jetzt jetzt jetzt jetzt. Alle Moslems, alle Christen und nicht zuletzt die mehr als 900 000 Hindus werfen sich in Erzählungen Geschichten Mythologien Märchen Anekdoten Ausflüchte Lügen Bollywoodfilme Monsun Wedding Dil To Pagal Hai Hybridliteratur Salman Rushdie Amitav Ghosh Vikram Chandra V. S. Naipaul Vikram Seth ellenlange Mythen Witze Redensarten Fabeln Zeitungen *The Times of India The Indian Express Hindustan Times gar* nicht zu reden von diesen verrückten Schildern *Road Safety Is Safe Tea At Home.*

Und in Bombay landet mein fast leeres österreichisches Flugzeug in unbeschreiblich dichtem Smog, und ich hole meinen großen Stahlkoffer, und es wird eine Menge mit meinem Visum angestellt, gestempelt, unterschrieben, wieder gestempelt, in Indien ist alles Wort Wort Wort. Und ich werde aus der Schlange beim Zoll geholt und darf direkt hinein. Hinein ins Land zu den vielleicht eintausend dunklen Männern und Frauen in Saris und leichten Baumwollhemden, die um 1.12 Uhr nachts in der schweren, warmen Brise flattern. Und ich stelle mir all die Erzählungen vor, die zu ihnen gehören. All die vielen Begegnungen, die gleich stattfinden werden, die knisternde Spannung. Im nächsten Augenblick wird es passieren. Dann begegnen sie sich. Liebende Ehefrauen Ehemänner Liebhaber Kinder Eltern Großeltern Onkel Großnichten Kaufleute Geschäftsmänner Übersetzer Dolmetscher Schriftsteller Redakteure Telefonisten Computerprogrammierer Kriminelle Verteidiger Anwälte Lügner.

Und in Bombay fragt eine Stimme: »*You is Mr Kristen Deltaj Densen?*« Und das bin ich, das bin ich jedenfalls im Augenblick, im Hier-und-Jetzt. Später bin ich auch Mr Kristina Deltiv Joshua. Und noch acht Tage später heiße ich nur Krisha, worüber Anil Singh, mein Chauffeur in Delhi, sich ausschütten will vor Lachen. Und diese kleine Variation des Namens ist noch eine Variation im Wirrwarr von Variationen über Variationen in einem Land, in dem achtzehn Sprachen gesprochen werden, darunter Englisch, Hindi, Bengal.

Und in Bombay ist das Ganze eine einzige lange Bewegung, ein langer *flow* von Energie Leben Rhythmen Schwingungen ohne Unterbrechungen. Das Erste führt einfach weiter zum Zweiten Dritten Vierten Fünften, und zwei Männer zeigen mir ein verbeultes Auto am Flughafen, nur ich benutze Sicherheitsgurte, unterdessen rasen wir durch die Straßen Bombays, wo sich baufällige britische Architektur mit neueren hässlichen Konstruktionen abwechselt, meine Augen saugen alles auf, die

Tausende schwarzer Taxis, ein altes Modell, das Fiat schon längst nicht mehr produziert, die wilden Hunde, die Obdachlosen auf den Straßen, so wie der, an dem ich später vorbeigehe, nur T-Shirt, sonst nichts, ohne linken Arm, ohne linkes Bein, beinahe ohne Leben, und als er sich zum Schlafen legt, kann ich sein runzliges kleines Glied zwischen dem heilen Bein und dem Beinstumpf sehen, und ich gaffe gaffe gaffe, unterdessen redet mein Guide drauflos, von Bombay, dass die Stadt auf einer Insel liegt, dass es hier 17 Millionen Menschen gibt, dass man am besten im Restaurant Khyber isst, wenn man gern Curry mit Fleisch mag, wenn man *non-veg* ist, ich bin *non-veg*, zwei Tage später sitze ich im Khyber und lerne von meinem Guide, zivilisiert zu essen, also nur mit den Fingern der rechten Hand, direkt ins Essen gesteckt, ja, so, genau, so essen richtige Inder, nur mit den Fingern, es gibt keine Regeln, wir essen auf alle möglichen Weisen, es muss doch einfach nur in den Mund, aber wir benutzen Besteck, wenn wir unterwegs sind.

Und in Bombay werde ich zu meiner Suite gebracht, der zweitgrößten des Hotels Marine Plaza, das direkt an der schönen Bucht liegt, die die Portugiesen Bom Baia nannten. Und das Hotelzimmer haut mich um. Dreimal so groß wie meine kleine Wohnung in Kopenhagen. Mit einem kleinen Mini-Business-Center: Telefon Internetverbindung Fax persönliches Briefpapier mit Golddruck – »K, Jensen« steht da. Mit Komma, ohne Zwischenraum, auch ich bin zu einer einzigen langen Bewegung geworden.

Und in Bombay steht im Hotelzimmer eine Flasche Rotwein. Gratis. Das ist ein Gruß von meinem Agenten in Delhi. Er hat mich gebeten, von Kastrup eine Flasche Bushmill's Whiskey und fünf Tafeln helle Marabou-Schokolade mitzubringen. Ich öffne den Rotwein nicht. Seit Neujahr, als mir bei einem buddhistischen Neujahrsritual der Kopf kahl geschoren wurde, habe ich mich gereinigt raus raus raus weg weg weg. Kein Alkohol, leichtes Essen, nicht zu viele Gifte jedweder

Art, nur Wasser und Wasser und Wasser. Ich will rein sein geistig sein Seele Geist Esprit. Ich will am liebsten nur Sprache sein. Eine Fama von einem Körper. Trotzdem rufe ich kurz darauf den Room-Service an und spreche mit einem niedlichen Mädchen, das alles aufnimmt, was ich bestelle. *Mutton curry on the bone steemed rice garlic naan papadam chutney mint dip sweet lassi spring water* alles alles alles was mir einfällt. Man kann sich von allen Gelöbnissen freisprechen, wenn der Jetlag in einem um 2:48 Uhr nach Essen giert.

Und in Bombay heißt mein Guide Nayana. Sie holt mich im Hotel ab, wo ich drei Stunden geschlafen habe. Nayana Nayana Nayana, ihr Name klingt wie ein ewig wiederholtes Mantra. Etwa fünfundvierzig Jahre alt hübsch Sari kleiner Bauch eine kleine Metallschiene auf dem halben Schneidezahn heftiger Mundgeruch warme tiefschwarze Augen sinnliche Finger fünf Sprachen darunter fließend Japanisch potthässliche Zehen. Wir werden zur Elephanta Island fahren, um eine schöne hinduistische Höhle voller Skulpturen zu besichtigen. Einige der steinernen Mädchen muten pornographisch an mit ihren vergrößerten Plastikbrüsten. Ich habe einmal einen ellenlangen wissenschaftlichen Artikel zur Übereinstimmung von Pornofilmen und Erotica aus dem Altertum gelesen. Ein indischer Gehirnforscher hatte ihn geschrieben. Das Kamasutra ist auch indisch. Das habe ich nicht gelesen.

Und auf Elephanta Island beginnt mir Nayana die Religion der Hindu zu erklären. Es gibt Brahman, den Schöpfer, und es gibt Vishnu, der alles bewahrt, und es gibt Shiva, der zerstört. Aber plötzlich erzählt Nayana, dass Vishnu ebenfalls ein Zerstörer sei. Denn die Dinge hingen doch zusammen: Schöpfung, Zerstörung. Als ich drei Tage später einen anderen Guide frage, wer denn Govinda sei, erzählt sie mir an einem himmlisch schönen Strand, wo Kamele an uns vorbeiziehen, das sei einfach. Govinda sei ein anderer Name für Krishna, der eine Inkarnation von Vishnu ist. Er würde oft als blau geschildert und als ein Lebemann mit Pomade im Haar, der heftig mit einer verheirateten Frau flirtet, du weißt, der immer Flöte spielt und den es in neun Inkarnationen gibt, darunter auch Buddha und Jesus. Da beginnt es mir zu dämmern, dass Hinduismus ein Spinnengewebe aus Erzählungen ist. Wie die von Ganesh, einem kleinen Junge, dem von seinem Vater Shiva versehentlich der Kopf abgehauen wurde. Als Shiva den Patzer bemerkte, schwor er, den Kopf des ersten Tieres, das ihm begegnete, auf den Hals seines Sohnes zu setzen. Das war dann ein Elefant. Der Junge mit dem Elefantenkopf ist der Gott der Schriftsteller, aber man muss vielleicht nicht an alle indischen Geschichten glauben. Immerhin gibt es ja dreiunddreißig Millionen Götter im Hinduismus, unter denen man wählen kann. Aber Elefanten haben ein sehr gutes Gedächtnis. Und in Indien mache ich mir im Übrigen überhaupt keine Notizen. Ich sehe nur, höre rieche fühle schmecke denke. Die buddhistische Psychologie kennt sechs Sinne. Das Bewusstsein ist auch ein Sinn. Im Kino des Bewusstseins sieht man Träume Gedanken Ideen Phantasien Furcht Liebe und alle die anderen Begehrlichkeiten, die zu Leiden Leiden Leiden führen.

Und in Bombay sehe ich einen bunten Jain-Tempel. Die Gläubigen, die in den Tempel kommen, dürfen kein einziges Lebewesen beeinträchtigen. Sie dürfen nichts begehren. Es gilt, überhaupt gar nichts zu wollen. Wenn das gelingt, wird alles gut. Letzten Endes kann man sogleich erleuchtet werden, falls man richtig gut ist. Aber die Erleuchtung, die wollen sie ja auch nicht.

Und in Bombay fahren wir von der schönen Victoria Station ab. Langsam gleiten wir aus der Stadt, die mich bereits ausfüllt mit Erinnerungen Bildern Stimmungen Dhal-Düften dunklem lackiertem Holz unter den Fingern Klängen Hupen und *dis wä sar, plisplis.* Ich habe mich in den Straßen nach zehn Minuten verlaufen. Ich besuche Gandhis Haus, wo man seine Bibliothek ansehen kann – er las Shakespeare Gesetzestexte Koran Bibel Romane. Ich trete bei einem moslemischen Barbier ein, um mir wieder die Haare abrasieren zu lassen, und das geht mit dem Rasiermesser in der Hand Rasiercreme in Türkis dampfenden Handtüchern Bollywoodmusik aus den Lautsprechern hoch über dem alten Stuhl, und das Leder ist rissig und braun wie britische Herrenschuhe und kitzelt am Unterarm. Tausende Männer haben auf diesem Stuhl gesessen und das Schaben des Messers gehört, wenn es über die Haut fährt, dabei sprachen sie über Business Business Business Engländer Frauen Internatsschulen Sport Autos Oralsex die billigsten Hemden in der Stadt Erinnerungen an Punjab an Kaschmir an Rajasthan.

Und im Zug, der The Deccan Odyssee heißt, wache ich in der ersten Nacht morgens um vier Uhr auf. Mit einem Mal ein enormer Ruck, und nach acht Stunden des Wartens fahren wir wieder weiter. Die Fahrt über das Deccan-Plateau im westindischen Staat Maharashtra geht im Schneckentempo vor sich. Jede Nacht fahren wir ein bisschen. Und jeden Tag unternehmen wir lange, lange Ausflüge in die Landschaft. Im Minibus über gewundene löcherige Straßen, durch winzige Dörfer, wo die Kühe mitten auf der Straßen stehen und gaffen und wo Menschen mitten auf der Straße stehen und gaffen, und sie gaffen mit leeren Augen, leer wie die der Kühe. In Sandalen auf Trampelpfaden durch Walddickicht mit exotischen Pflanzen und riesengroßen gestreiften Insekten, von denen ich nicht weiß, ob sie gefährlich sind oder nicht. Auf Flüssen in Prahmen und Dampfern vorbei an Palmen und Fischern und Frauen in Saris, die Krüge auf den Köpfen balancieren. Und jeden Abend kehren wir wieder zum Zug zurück. Doch dann die Nacht, als wir zeitweise still stehen. Urplötzlich. Es knirscht, dann kracht es, dann pocht es. Der Zug ist nagelneu, aber die Schienen sind von damals, als es etwas gab, das British India hieß. In den kommenden drei Nächten schlafe ich kaum, obwohl das Bett das bequemste auf der ganzen Tour ist.

Und im Zug sind Peter und Ruth Jacobs. Sie sind aus Norwich, England, angereist und machen Winterurlaub. Nach und nach finde ich heraus, dass der nette Mann Richter ist. Es dauert nicht lange, und er ist außer sich, weil ich nichts über Kricket weiß. Wir sitzen im Barwagen und trinken Nachmittags-Assam-Tee. Bald stieben Kricketausdrücke nur so durch die Luft, *bat bended balls ins outs five days tests two times eleven fine chaps Pakistan India South Africa West Indies and fighting Australia for the ashes*. Ich begreife kein Wort, aber später lassen wir unseren Privatsteward, er heißt Sewan, die *Lagaan* DVD einlegen, damit ich die Regeln lernen kann. *Lagaan* ist ein Bollywoodfilm und handelt von einigen Bauern, die bei einem Kricketmatch gegen die Herrschaft aus Großbritannien um die Steuerzahlung von drei Jahren spielen. Das ist spannend. Selbst Peter ist aufseiten der indischen Bauern.

Und mein neuer Freund Peter und ich haben eine unendliche Quelle interessanter Geschichten vom Leben gefunden. Er war Ankläger in Fällen von Pfusch, allem erdenklichen Pfusch Schwindelei Betrügerei Bauernfängerei Mauschelei Tricksen Humbug & Schwindel *you name it we've got it I have been at it for years*. Der weiß alles über Schecks Kartelle Scheinfirmen unterm Tisch am Finanzamt vorbei alles Geld direkt aufs Girokonto nur die Waren tauchten leider niemals auf.

Und durch meine Ohren strömen all die Schwingungen, die mir mein Freund Ole zusammengestellt hat. Mein iPod pocht von Hindi-Techno. Da gibt es Safri Boys, da singt Rahaye Rahaye, während ein schönes Dorf vorübergleitet, und ich verliebe mich auf diese flüchtige Weise, die Sartre Liebe auf den letzten Blick nannte, in ein Paar schwarzer Augen. Und Ravi Shankar spielt klassische Sitar, ein unendliches Stück, das Madhuvanti heißt, unterdessen hält der Zug mitten im reinsten Nichts, und während die Musik in meinem Kopf schnurrt, wird mir bewusst, dass es das Nichts ja auch gibt, Nichts ist in diesem Fall der Staub, Nichts ist gelb, Nichts wirbelt durch die

Luft. Und die anonymen Stimmen der Gruppe The Radha Krsna Temple aus London leiern ihr Mantra Mantra Mantra, sodass ich am Ende ganz verdreht bin auf eine eigentümlich glückliche Weise, *hare krsna, hare krsna, krsna krsna, hare hare, hare rama, hare rama, rama rama, hare hare, hare krsna, hare krsna, krsna krsna, hare hare, hare rama, hare rama, rama rama, hare hare, hare krsna* ...

Und das Essen auf meinem Teller hält jeden Abend wunderbare gastronomische Erzählungen über Indien bereit. Wir essen im Rhythmus der Reise, und jeder Transit ist ein neues Gericht. Und alle im Zug trinken nur Quellwasser zum Essen. Und das ist auf eine ganz eigene klare Weise fast berauschend.

Und in dem kleinen verschrammten Minibus besuchen wir bei den Ausflügen Bounty-Strände, wo wir baden. Und wir besuchen Ganesh-Tempel, wo wir die Schuhe ausziehen müssen. Und wir sehen Puppentheater, das man ohne weiteres versteht, obwohl man kein Hindi kann. Und wir besuchen ein Dorf mit traditionellen indischen Tänzen – und mit traditionellem indischen Stromausfall, sodass wir alle zusammen lange ganz still im Dunkeln sitzen und nicht wissen, was wir machen sollen. Wir sitzen einfach da, im Dunkeln, das intensiv ist, voller Möglichkeiten, voller Geschichten, die noch nicht erzählt sind.

Und als ich die Augen öffne, sehe ich unter mir Rupali sitzen. Kleine Brüste, schmale Schultern, der feminine kleine Bauch, viel zu breite Hüften. Und sie streichelt meinen Fuß auf eine Weise, dass ich im siebten Himmel schwebe. Ölt meine Beine ein, auf und ab. Das könnte der Anfang – oder das Finale – für eine Lovestory aus den Filmstudios in Bombay sein. Aber es ist nur meine Pediküre und meine Maniküre. Ich bin noch nie in einem Wellness Center gewesen. Und schon gar nicht in einem Zug. Und als sie fragt, ob ich verheiratet sei, sage ich Nein. Zum einhundertsiebzehnten Mal. Denn danach werde ich jeden einzelnen Tag gefragt.

Und in Maharashtra setze ich mich an Deck eines kleinen Flusskahns an einen Gartentisch, und ein vedischer Astrologe liest mir aus der Hand. Er sagt, die Narbe auf meiner Stirn sähe man auch in der Handfläche, wo ein kleines Kreuz ist – das ist der Segen des Gurus: Mein Leben lang werde ich Menschen begegnen, die mir in jeder Krise helfen. Und er sagt, ich würde zweiundachzig Jahre – dieses Mal. Und er sagt, ich läse sehr gern, aber das Besondere bei mir sei, ich läse alles alles alles, was mir in die Finger kommt: Romane Gedichte Biographien Geschichte Wissenschaft Psychologie Philosophie Religion Zeitungen Zeitschriften Rückseiten von Cornflakes-Packungen Inhaltsverzeichnisse auf Flaschen mit Toilettenreiniger. Und er sagt, ich solle eine ungestüme Sportart betreiben wie Boxen oder Reiten – das würde mir Ruhe verschaffen. Und er sagt, meine Herzlinie und meine Bewusstseinslinie seien zusammengewachsen, sodass ich das fühle, was ich denke, und umgekehrt. Und er sagt, mit siebenunddreißig Jahren würde ich heiraten. Und er sagt, meine zukünftige Frau würde mir bis an die Schulter reichen und hätte eine ganz gerade Nase und ziemlich große Schneidezähne.

Und in Goa, was eine alte portugiesische Kolonie ist – wo das Brot noch immer *pão* heißt – sehe ich, wie sich der Katholizismus mit den lokalen Gebräuchen mischt. Eine Frau betet mit gefalteten Händen zu einer katholischen Heiligenfigur draußen vor einer gewaltigen Basilika, dann macht sie sich einen roten Punkt auf die Stirn, faltet die Hände und verneigt sich.

Und in Goa koste ich ein Gericht namens Pork Vindaloo. Ich habe immer geglaubt, *vindaloo* sei ein indisches Wort. Aber mein indischer Guide, eine römisch-katholische Inderin namens Maria Celeste Fernándes, erzählt, es seien ursprünglich die portugiesischen Wörter für »Wein« und »Knoblauch«, die man zusammengefügt habe. Wir unterhalten uns lange darüber, inwiefern Curry ein in ganz Indien changierender, gastronomischer Dialekt sei. Einerlei, wohin man fährt, Kashmir

Darjeeling Rajasthan Madras Delhi Bombay Goa – der Geschmack wechselt wie die Farbe einer Verwandlungskugel. Schließlich redet vor allem Maria. Ich kann nämlich meinen Mund fast nicht mehr spüren, weil der rote Chili Lippen Gaumen Zunge Rachen lähmt. Maria lächelt und sagt, das sei der Vorteil des Restaurants Avanti an der Rua de Ourem in Panjim-Goa – auf die Weise schmecke das Essen jedenfalls nach etwas. Als ich einige Tage später von Delhi nach Hause reise, sehe ich im Flughafen, dass man rotes Chilipulver nicht im Handgepäck transportieren darf. Chilipulver steht zusammen mit Springmessern und Pistolen auf der Liste der verbotenen Waffen. Und ich sehe die Szene vor mir: wildes Chaos im Cockpit, als das Flugzeug à la carte gekapert wird *and take this plane to Madras or we will vindaloo you.*

Und im Flughafen von Goa sitzt ein alter britischer Hippie und isst Samosa. Auf seinem T-Shirt steht »om«. Das ist der Hintergrundton des Universums, die tiefste Grundschwingung.

Und in Indien bemerke ich langsam, dass es vielleicht gar nichts als diese Grundschwingung auf der Welt gibt. Und ich begreife, dass der Rest nichts ist als Geschwafel und es sei denn und darüber hinaus und Zuckerglasur. Alles ist ein und dasselbe. Alles steht ganz gleich Seite an Seite. Glück und Unglück stehen gleich nebeneinander. Und beides ist Leben. Und deshalb ist beides dasselbe. Und dann kann man doch genauso gut auch gleich lächeln. Und das tun die Inder – beständig.

Und in Indien erinnere ich mich daran, dass ich immer Geschichten geliebt habe, die mit dem Wörtchen »und« anfangen. Da kann man schon gleich beim ersten Wort merken, dass sich diese Geschichten wie in einer großen Spirale immer weiter und weiter entwickeln. Und so gesehen steckt in dem kleinen Wort bereits die ganze Geschichte.

My Name is Mogens

The Simplon-Venice-Orient-Express (British Pullman).
Ausflug London – Bath – London, 22. Februar 2006

Mein Vater kann *Europe* nicht buchstabieren.

Das entdecke ich zufällig. Wir sind gerade in London angekommen und haben uns für zehn Minuten im Hotelzimmer in
der Oxford Street hingelegt. Da fällt mir ein:

»Vater, schreib doch vorsichtshalber mal schnell die Nummer von meiner Reiseversicherung auf.«

»Klar.«

»Sie heißt Europe.«

»Wie? Warte mal … Wie war das … Eo? Oder Eou? Eu?
Eu. Gut. Und dann?«

Ich werfe ihm das nicht vor. Mein Vater ist nie ein Bücher-
mensch gewesen. Und obwohl er ursprünglich einmal eine
Konditorlehre abgeschlossen hat, war er die meiste Zeit seines
Lebens Schlachtereiarbeiter und Erd- und Betonarbeiter. Er ist
sieben Jahre zur Schule gegangen. In Herluflille. Danach kam
die Lehre, 14 Kronen in der Woche plus Kost und Logis im
Mehrbettzimmer. Mein sechzigjähriger Vater gehört einem aus-
sterbenden Teil der dänischen Bevölkerung an – er kann kein
Wort Englisch. Na ja, vielleicht fünf bis zehn. Solche kleinen
Wörter. *Yes, no, hello, please.* Das ist alles. Mein Vater ist ein
Mensch, der ein anderes Zeitalter repräsentiert. Eine blanke Ta-
fel auf dem Weg in eine unbekannte Welt. Er ist so was von *old
school*, wie nur ein unglobalisierter Mensch sein kann. Und der
Orient-Express ist für ihn so fern und unwirklich, dass der reale
Zug nichts weiter als eine verschwommene Erinnerung an ein
Kino irgendwo in der Provinz vor dreißig Jahren vorstellt.

Aber nun sitzen wir tatsächlich im Orient-Express. Im realen Zug. Die alten Wagen des legendären Orient-Express haben gerade Victoria Station verlassen. Wir machen einen Tagesausflug. Da können auch gewöhnliche Sterbliche das befremdliche Gefühl auskosten, wie eine der Figuren in Agatha Christies berühmtem Roman zu reisen, wo bekanntlich unterwegs im Zug ein Mord geschieht. Unser Wagen heißt *Ione* und wurde 1928 von der Metropolitan Cammel Carriage and Wagon Co. Ltd. gebaut. Er ist mit Holzpaneelen und Friesen im viktorianischen Stil ausgestattet. Wir lehnen uns in unseren gepolsterten Sitzen zurück und sehen uns die Speisekarte an, die mit goldenen Buchstaben und weinroter Troddel versehen ist. Uns erwartet ein umfangreicher Brunch, und während da draußen irgendwo die Vororte Londons mit den an Dickens erinnernden kleinen Stadthäusern vorbeiziehen, versuchen wir uns zu orientieren. Wir fahren nach Bath, um eine der schönsten Städte Englands zu besichtigen. Und um die Bäder zu sehen, die schon die Römer in den ersten Jahrhunderten unserer Zeitrechnung anlegten.

England, die Römer und der Orient-Express. Die Reise, an der mein Vater teilnimmt, ist eine Demonstration von Zivilisation. Nicht ohne Grund hat er mich etwa zehnmal gefragt, ob seine Garderobe passend sei. Er hat den guten Anzug an und eine Windjacke und sieht echt schick aus. Aber im Lauf des Tages wird mir bewusst, dass er sich eben doch unterscheidet. Britische Männer gehen ganz dunkel gekleidet. Schwarze Schuhe und lange Mäntel, alles in dunklen Tönen.

Unser Steward bietet uns zu unserem rollenden Brunch Bucks Fizz an, das ist frisch gepresster Orangensaft, aufgefüllt mit perlendem Champagner. Die Hauptsache sind Lachssandwichs mit Rührei und Muffins. Columbia-Kaffee und gewärmte Milch werden simultan aus zwei silbernen Kännchen eingeschenkt. Sobald ein Fleck aufs Besteck kommt, wird es sofort ausgetauscht. Ich habe inzwischen schon den dritten Satz —

und dabei haben wir noch nicht das Essen bekommen. Die britische Orangenmarmelade ist von Wilkin & Sons. Wir bekommen auch Wienerbrød – *Danish* – mit Himbeeren in Gelee. Mein Vater erklärt mir, das Gelee verhindere das Austrocknen der Beeren beim Backen.

Er schaut aus dem Fenster. Bis zur Insel Rømø im Wattenmeer, näher sei er an England bisher nicht herangekommen, erzählt er. Und nicht näher an London als bis zum London Magasin. So hieß das Jungen-und-Herren-Ausstattungsgeschäft in Næstved, wo sie in seiner Kindheit die Kleidung einkauften – wenn er nicht die abgelegten Sachen seiner Brüder übernahm, die meine Großmutter für ihn änderte. In der Sprache der Bauern war es das »Lundunmagasin«. Als er mit der Lehre anfing, kaufte er einen Satz Garderobe. Um das Geld dafür aufzubringen, musste er eine Saison lang auf dem Feld Rüben hacken. Etwa 200 Kronen kostete der Spaß. Und das London Magasin war wohlgemerkt in Næstved der Discounter. Sie hatten nur zwei Sorten Schuhe – schwarze und braune.

Während wir uns unterhalten, fahren wir Richtung Westen, und vor dem Fenster wird es schnell ländlich. Gerade fahren wir an einem Gestüt vorbei, einem Dorf, an überfrorenen Äckern. Kleine Hecken tanzen an den Grenzen über die Felder. Später kommen Schafe, die haben gesprayte grüne Flecken auf dem Fell. Draußen ist es ländlich. Aber hier drinnen im Zug ist es herrschaftlich. Der Steward in der weißen Jacke mit den Goldknöpfen hat gerade mit dem silbernen Krumenschaber hantiert. Er hat auch einen Kaffeefleck auf der Tischdecke mit einer zusätzlichen Serviette zugedeckt. So etwas sollen wir uns ja nicht ansehen müssen.

Wir werden unablässig an allen Ecken und Kanten bedient; meinem Vater wird das zu viel. Er habe fast das Gefühl, sagt er, sie würden gleich über ihn herfallen. Er möchte manchmal dazwischengehen und den Wein selbst einschenken. Für ihn ist das Ganze schier überwältigend. Wie London es schon war.

Die Begegnung mit der Großstadt war für meinen Vater ein eigentümliches Erlebnis. Wie eine verspätete Ausgabe des Schocks der Moderne im 20. Jahrhundert. Die taufrischen Eindrücke sprechen für sich:

»Kaum ist man von der Untergrundbahn aus der Erde gekommen, und dann ist alles schon voller Menschen und Taxis. Es ist nicht besonders sauber in London, finde ich. Aber ansonsten sind mir vor allem diese Doppelhäuser über drei Etagen aufgefallen. Die sind ganz komisch. Und alle Häuser haben fünf Schornsteine. Warum, könnte ich nicht sagen. Ich habe auch geglaubt, in London gäbe es Männer mit Bowlerhut und Schirm. Und dass alle auf den Straßen Anzüge und Krawatten tragen. Und dass sie die ganze Zeit in Pubs gehen und diesen Fisch mit den Pommes dazu essen würden.«

Plötzlich hält der Zug mit hartem Ruck und metallischem Kreischen an. Wir sind seit gut zwei Stunden unterwegs und mitten in der idyllischen Landschaft des nördlichen Somerset. Salz- und Pfefferstreuer fallen um, die Tassen halten wir fest. Nachdem der alte Zug endlich zum Stehen gekommen ist, ruckt er plötzlich in die andere Richtung. Wir hören, wie Töpfe und Pfannen polternd auf den Boden fallen. Wir können hören, wie die Köche hinter der Tür grobe Schimpfwörter in Richtung Lokomotivführer rufen. Mein Vater ist sogleich aufseiten der Arbeiterklasse. Das müssen doch auch schwierige Arbeitsbedingungen sein im fahrenden Zug. Wie lange dauert eigentlich so eine Schicht im Zug? Schlafen die an Bord des Orient-Express, wenn der Zug die ganze Strecke fährt? Und was ist mit dem Familienleben? Meistens kommentiert er auf unserer Reise die Sachen, die er selbst kennt. Wie zum Beispiel das Gebäck. Oder die Bedingungen der Arbeiterklasse. Ein Drittes ist die Sprache, die beschäftigt ihn sehr. Als er in Gatwick aus dem Flugzeug gestiegen war, blieb er stehen und lachte. Als ich ihn nach dem Grund fragte, antwortete er, das wäre wegen der beiden Flughafenarbeiter, die dort standen und sich unterhielten. Denn um Himmels willen, was ist das denn für eine Sprache – mit den verschluckten Endungen und dem sonderbaren Wellengang in der Melodie, den expressiven Ausbrüchen.

»Die sprechen ja gar nicht wie in den Filmen. Im Fernsehen kann ich manchmal Wörter verstehen. Zwischendurch mal. Aber hier verstehe ich nichts. Überhaupt nichts.«

Der Steward, der übrigens mit einem deutlichen Arbeiterklasseakzent spricht, teilt uns mit, dass wir in drei Minuten Bath erreichen.

»Es ist kalt draußen, Sie sollten sich also warm anziehen«, sagt er höflich.

Unsere Stadtrundfahrt mit dem Bus und zu Fuß dauert nur zwei Stunden, aber die Eindrücke sind tief und reichen für den Rest des Lebens. Benannt ist Bath nach den Bädern, die von den römischen Söldnern über heißen Quellen angelegt wurden, deren Temperatur konstant 46,5 Grad beträgt. Es ist, wie in einen alten Film einzutreten. Die georgianischen Häuser, die den Stadtkern bilden, wurden aus hellgelbem Sandstein errichtet, und im Großen und Ganzen haben zwei Architekten alle Gebäude gebaut. Vater und Sohn, beide hießen John Woods. Die Stadt ist unter anderem berühmt für den ersten *crescent* der Welt, ein bogenförmig angelegtes Wohngebäude. Schon nach wenigen Tagen in England holt mein Vater mit der Sprache auf. In Bath habe ich ihn zum Beispiel sagen gehört, *sänk you, just coffi* und *good morgen*.

Auf dem Weg zurück nach London – wo uns ein überwältigendes Vier-Gänge-Menü serviert wird, mit Kartoffelsuppe, Lammbraten, sechs englischen Käsesorten und einem großen Stück Somerset-Apfelkuchen – frage ich ihn, wie er das denn findet, was wir in London und Westengland schon erlebt haben.

»Den Tee kann ich kaum beschreiben. Den muss man erlebt haben. Ganz neu waren für mich diese Scones mit sahneartiger Butter und mit Konfitüre, auch wenn sie ein bisschen trocken waren. Mir ist überhaupt das Backwerk hier aufgefallen. Zum Beispiel dieser englische *plumcake*, und der ist schrecklich. Der ist so furchtbar schwer. Das kommt von den vielen Beeren, der Orangeade, den Rosinen und der Sukkade. Ihre Sandwiches sind hervorragend – das Toastbrot ist gut, weich und locker, das hält sich bestimmt ziemlich lange. Aber das Unglaublichste war noch der Nachmittagstee in Bath. Große Kuchenteller in drei Etagen. Sandwich. Tischtuch, Flügel und alles. Das kam mir sehr britisch vor. Und dann das englische Bier, phantastisch. Wie hast du das noch mal genannt?«

One pint of John Smith Extra Smooth. Please.

»Ja, das war ganz unglaublich. Und dieses große Kaufhaus ...«

Fortnum & Mason?

»Ja, das. Sehr vornehm. Und das waren die Preise wahrhaftig auch. Aber die Bedienung war superexklusiv. Das Personal trug Jacketts. Ich weiß nicht, wie die auf Englisch heißen.«

Oh my dear, was für eine Reise! Tiefe Eindrücke für eine jungfräulich romantisch wandernde Seele. Und der verhärteten Seele des ausgebufften Reiseschriftstellers gab es ordentlich Wind unter die Flügel. Denn es war ja in Bath, wo sich die Schriftstellerin Jane Austen von 1801 bis 1806 aufhielt. Es war in Bath, wo Dr. David Livingstone wohnte, wenn er nicht gerade in Afrika war. Es war in Bath, wo Englands erster König gekrönt wurde. Und es war in Bath, wo Mogens Jensen – kurz nachdem er als Römer neben dem großen Bassin aus dem Jahr 53 fotografiert worden war – seinen ersten echten *afternoon tea* bekam.

Soundtrack

Japan

1 The Best of Godzilla 1954–1975:
  Original Film Soundtracks
2 60s Cutie Pop Collection: Bazazz Edit (Sammlung)
3 Harry Hosono: S-F-X
4 Pizzicato Five: Romantique 96
5 Ryuichi Sakamoto: Beauty
6 Southern All Stars: Young Love
7 Yuki Tekehashi: Colors vol. 1
8 Toru Takemitsu: Ran (Soundtrack)
9 Towa Tei: Future Listening!
10 Yellow Magic Orchestra: Technodon

Australien

1 Eric Bogle: At This Stage
2 The Bee Gees: The Best of the Early Years
3 Nick Cave: Murder Ballads
4 Slim Dusty: Aussie Sing Song
5 Rolf Harris: The Best of Rolf Harris
6 INXS: Kick
7 Men At Work: Business As Usual
8 Midnight Oil: Diesel and Dust
9 »Ned Kelly« (Soundtrack)
10 Olivia Newton John: Early Olivia

England

1   Bhangra Fever (Sammlung)
2   The Beatles: The White Album
3   David Bowie: The Rise and Fall of Ziggy Stardust and The Spiders From Mars
4   Benjamin Britten: War Requiem mit Simon Rattle
5   Petula Clark: Downtown
6   The Clash: London Calling
7   The Kinks: Soap Opera
8   Pet Shop Boys: PopArt
9   The Rolling Stones: Let It Bleed
10 The Who: Who's Next

Peru

1   The Rough Guide to Afro-Peru. The musical spirit of Black Peru (Sammlung)
2   World Network 44: Peru (Sammlung)
3   Susana Baca: Eco de Sombras
4   Chacalon Y La Nueva Crema: Lo Mejor Del Faraon De la Chic ...
5   Expresión: Wasichakuy
6   Chabuca Granda: Latinoamericana
7   Pastorita Huaracina: Pastorita Huaracina
8   Peru-Negro: Sangre De Un Don
9   Los Shapis: 20 Años Contigo
10 Pepe Vasquez: Ritmo De Negros

Schweiz

1 35 Years of the Montreux Jazz Festival (Sammlung)
2 Folk of the World: Schweiz (Sammlung)
3 Live In Montreux (Sammlung)
4 Charlie Chaplin: Musique De Films
5 Clepsydra: Hologram
6 Celine Dion: The Early Singles
7 DJ Sab & DJ Sosza: Young and Restless
8 Queen: Made in Heaven
9 Yello: One Second
10 The Young Gods: The Red Water

Dänemark

1 Otto Brandenburg: Nogetom …
2 Povl Dissing & Benny Andersen: Svantes Viser
3 Gasolin: Gas 5
4 C. V. Jørgensen: Et ganske lille band
5 John Mogensen: John Mogensen
6 Carl Nielsen: Fynsk forår
7 Aksel Schiøtz: The Collected Aksel Schiøtz Edition vol. 7
8 Sebastian: Cirkus Fantastica
9 TV 2: Rigtige Mænd – gider ikke høre mere vrøvl
10 Liva Weel: Glemmer du

Mittelmeer

1 Jacques Brel: Les Marquises
2 Serge Gainsbourg: L'Histoire de Melody Nelson
3 Taha – Khaled – Faudel: 1, 2, 3 ... Soleils
4 Edith Piaf: Eternelle
5 Puccini: La Boheme mit Placido Domingo und Montserrat Caballé
6 Paolo Conte: Paolo Conte
7 Michel Legrand: Les Parapluies de Cherbourg (Soundtrack)
8 Ennio Morricone: Le Legend of 1900 (Soundtrack)
9 Luciano Pavarotti: Neapolitan Songs
10 Eric Satie: Klavierstücke mit Jean-Yves Thibaudet

Norden

1 22-Pistepirkko: Drops Kicks
2 The Leningrad Cowboys: Total Balalaika Show (Helsinki)
3 The Rasmus: Into
4 A-Ha: Hunting High and Low
5 Thorbjørn Egner: Folk og røvere I Kardemomme by
6 Alf Prøysen: Velvalgte Viser
7 ABBA: The Visitors
8 Per Gässle: Son of a Plumber
9 Cornelis Vreeswijk: Mäster Cees Memoarer
10 Fred Åkerström: Fred sjunger Bellmann

USA

1 Martin Scorsese presents The Blues (Sammlung)
2 Nuggets (Sammlung)
3 The Beach Boys: Pet Sounds
4 Johnny Cash: At San Quentin
5 Aaron Copland: Billy The Kid and Rodeo Suite / Ferde
    Grofé: Grand Canyon Suite with Morton Gould and
    his Orchestra
6 Bob Dylan: Blonde on Blonde
7 Elvis Presley: The Memphis Record
8 Simon & Garfunkel: Bookends
9 Frank Sinatra: A Man Alone
10 West Side Story: Original Broadway Cast

China

1 Beijing Band 2001: New Rock Bands from the People's
    Republic of China (Sammlung)
2 Old Laser 1 (Sammlung)
3 Old Laser 2 (Sammlung)
4 Brain Failure: Turn on the Distortion
5 Chi Zhiqiang: ...... (Prison Songs)
6 Cobra: Hypocrisy
7 Guo Tai Gong: Taking Tiger Mountain by Strategy
8 Jean-Michel Jarre: The Concerts in China
9 Cui Jian: .... (Vagabond's Return)
10 Tang Dynasty: Tang Dynasty

Südafrika

1 The Best of South African Pop Vol. 1 (Sammlung)
2 The Best of South African Pop Vol. 2 (Sammlung)
3 Johnny Clegg / Juluka: Universal Men
4 éVoid: éVoid
5 Ipi 'N Tombia: The Warrior
6 John Kongos: Kongos
7 Rabbitt: A Croak & a Grunt in the Night
8 Paul Simon: Graceland
9 Springbok Nude Girls: The Fat Lady Sings
10 Tribe After Tribe: Power

Indien

1 The Music of Bollywood (Sammlung)
2 World Network 48: Pakistan / Sindh (Sammlung)
3 Asian Dub Foundation: Tank
4 Nusrat Fateh Ali Khan: Mustt Mustt
5 Bally Sagoo: Hanji
6 Nitin Sawhney: Beyond Skin
7 Ravi Shankar: At the Woodstock Festival
8 Ravi Shankar & George Harrison: Chants of India
9 Talvin Singh: OK
10 U. Srinivas & Michael Brook: Dream

Nachwort

Und fahren wir wieder nach Hause,
dann ist's genau anders herum
erst das Flugzeug und dann das Schiff,
dann der Bus und dann der Zug,
dann endlich sind wir wieder daheim, sind wir wieder da.

Kaj und Andrea, Das Reiselied

In dem Reiselied von Kaj und Andrea steckt ein wahrer Kern. Die Heimreise ist in mancher Hinsicht nur die Umkehr der Hinreise. Vom Gefühl her ist sie irgendwie auch immer kürzer. Vielleicht weil man die Tour schon so gut kennt. Man ist auf heimatlichem Boden, noch ehe man ganz zu Hause angekommen ist. Oft entdeckt man auch, dass während der Reise etwas mit einem selbst vor sich gegangen ist. Man ist ein anderer geworden. Man hat andere Werte bekommen. Man ist klüger geworden.

Zu dem, was ich auf meinen Bahnreisen gelernt habe, gehört, dass der Zug eine der schönsten Möglichkeiten zu reisen ist. Ich muss noch etwas gestehen. Als ich das Manuskript für dieses Buch meiner Lektorin Birthe Melgaard gab – auch ihr vielen Dank –, hatte sie einige kleine Korrekturen und Vorschläge. Die wollte ich mir näher ansehen. Und das tue ich gerade.

Wo?

Natürlich in einem Loungewagen. Im Zug Nummer 5, Wagen 531 des Californian Zephyr. Vor zwei Tagen glitten wir aus Chicagos Union Station, und in sieben Stunden kommen wir, wenn alles gut geht, in Emeryville an, ganz in der Nähe von San Francisco.

Dieses Mal ist es nicht Arbeit. Zugreisen sind für mich ein neues Vergnügen geworden. Weil man so viel erlebt. Die Dame neben mir isst Salzkekse. Ihr Mann trinkt Pepsi. Kurz gesagt, ich kann das Fahren mit der Eisenbahn als Reiseform gar nicht genug empfehlen.

Man muss einfach nur eine Fahrkarte kaufen und sich auf den Weg machen.

Hinaus in die Welt!

Stationen

Kopenhagen, Odense, Frederikshavn, Tokyo, Kyoto,
St. Moritz, Zermatt, Cusco, Machu Picchu, Lima, Malmö,
Turku, Kiruna, Oslo, Göteborg, New York, New Orleans,
Shanghai, Peking, Sydney, Adelaide, Perth, Paris, Madrid,
Sevilla, Barcelona, Mailand, Neapel, Scala, Johannesburg,
Pretoria, Kapstadt, Mumbai, Neu Delhi, Goa, London, Bath,
Smejrup, Chicago, Sacramento, Reno, Salt Lake City und
Emeryville bei San Francisco, 2005–2006

Über den Autor

Kristian Ditlev Jensen, 1971 bei Kopenhagen geboren,
studierte Literatur und arbeitete als Journalist, Schriftsteller,
Übersetzer und Lektor. 2004 erschien sein Romandebüt
Leibspeise, für das er auf der Kopenhagener Buchmesse den
Preis für das beste Debüt erhielt. Jensen lebt in Kopenhagen.

Die Übersetzung des Gedichtes von Allen Ginsberg auf Seite 128 ist
dem Band: Englische und amerikanische Dichtung 4, Amerikanische
Dichtung von den Anfängen bis zur Gegenwart, übersetzt von Barbara
Jung, herausgegeben von Eva Hesse und Heinz Ickstadt, C. H. Beck,
München 2000, entnommen.